老舗寿司屋三代目が教える

まいにち食べたい魚料理

野本やすゆき

大和書房

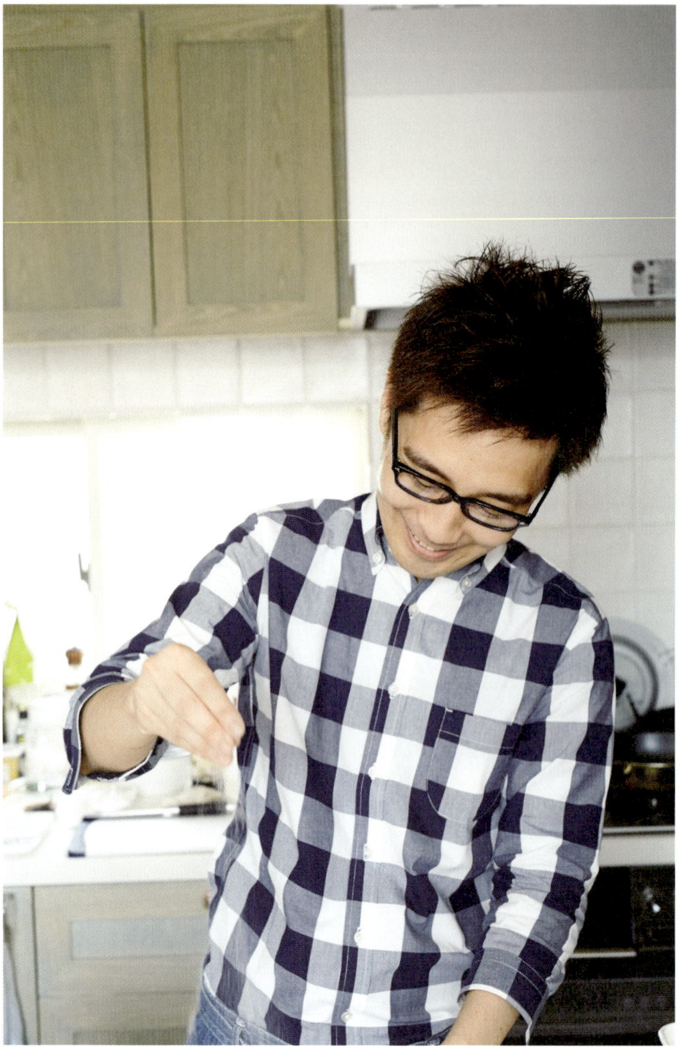

魚をおいしく食べよ！

　ぼくは料理家、フードコーディネーターですが、
じつは東京の谷中の寿司屋で生まれ育った三代目です。
魚のことは親爺からもしっかり仕込まれました。
魚はちょっとしたことで、見違えるくらいおいしくなります。
そこで、魚は好きだけれど、料理するのは苦手という人にも、
魚を気軽においしく料理してほしくて、この本をつくりました。

魚は、いつものスーパーで買えるものでOK！
包丁もいつもの包丁でモンダイなし！
魚をおろしたくない。それもOK！
大事なことは、「おいしくなーれ！」と料理すること。
そのポイントと技、魚となかよくなる秘訣を満載しました。

この本が、あなたと魚のおいしい出会いのガイドになれば、
とてもうれしいです。

野本やすゆき

CONTENTS

2 魚をおいしく食べよ！

part 1 刺身・生食用の魚

8 刺身とつま野菜のサラダ
10 たいの昆布じめ
11 サーモンの昆布じめ わさびポン酢
12 まぐろの漬けパッチョ
　漬けの刺身
　漬けのやまかけ
13 まぐろの塩漬け オリーブ油とレモン添え
14 まぐろの漬けステーキ
16 ねぎま鍋
17 まぐろ納豆
18 かつおの香草パン粉焼き
20 サーモンと長いものレモンクリーム煮
　　ガーリックトースト添え
22 ぶりと春菊のサラダ
23 かつおのたたきのエスニックサラダ
24 あじのチョレギサラダ
25 しめさばと海藻の酢の物
　しめさばの磯巻
28 あぶりほたて貝柱のカルパッチョ
29 ほたて貝柱ときのこのバターじょうゆ炒め
　たことアスパラのアンチョビ炒め
30 3分でOK！1人分の刺身が2人分の小鉢に
　たい茶漬け／たいパクチー／ひらめのトマトあえ
　甘えびのユッケ／うにいか／あじのガーリックヨーグルトあえ
32 海鮮ばらちらし
33 かつおの手こねずし
34 スモークサーモンのライスサラダ

part 2 切り身魚

38 さわらのソテー ケッカソース
40 ぶりの照り焼き
42 たいめし
43 たいのアクアパッツア
44 さわらのロールキャベツ
45 ブイヤベース
46 さけの青のりグラタン
47 さけのピザ風ホイル焼き
48 たらとさけのフリッター たらこマヨネーズ
50 さけのムニエル
51 さばのカレーソテー らっきょうタルタル
52 たらのグリーンカレー
54 さばのみそ煮
55 かれいの煮つけ

column

26 しめさばを作ってみよう！
　ガリ（しょうがの甘酢漬け）を作ろう！
27 スペシャルレシピ しめさばのトーストサンド
56 さわらの西京漬けを作ってみよう！
64 あじを3枚におろしてみよう！
72 いわしの手開きをしてみよう！
78 いかをさばいてみよう！
79 スペシャルレシピ ゲソのわた炒め

part 3 一尾や骨つきの魚

- 60 あじの塩焼き
- 62 あじのレンジ蒸し
- 63 あじフライ
- 66 さんまのトマト煮
- 68 さんまのかば焼き
- 69 さんまとにんにくの芽のコチュジャン炒め
- 70 いわしの梅煮
- 71 いわしとほうれん草のオーブン焼き
- 74 たいのかぶと煮
- 76 いかとズッキーニのしょうが炒め
- 77 いかとセロリの昆布茶炒め

part 4 そのほかのシーフード

- 82 えびフライ／ピリ辛大人のえびマヨ
- 84 かきのアヒージョ
- 85 かきと青菜のオイスターソース炒め
- 86 あさりとキャベツの酒蒸し
- 88 しじみのみそ汁
- 89 あさりのクラムチャウダー
- 90 パエリア
- 92 あじの干物パスタ
- 93 塩さばのペンネアラビアータ風
- 94 うな丼
- 95 かにの炊き込みごはん／ツナのピラフ

- ■計量単位　1カップ＝200ml
  大さじ1＝15ml　小さじ1＝5ml　1合＝180ml
- ■火加減はガスコンロを基準にしています。
  とくに指示のないときは中火です。
- ■電子レンジ、オーブンなどの温度と焼き時間は目安です。機種によって差異があるので加減してください。
- ■塩は焼き塩を用いています。さらさらで均一にふりやすく、素材にもなじみやすいのです。
- ■酒とワインは普通に飲める酒とワイン、みりんは本みりんを用いています。
- ■米をとぐか否かは、無洗米などもあって米によるので、レシピに記入していません（土鍋炊きは例外）。

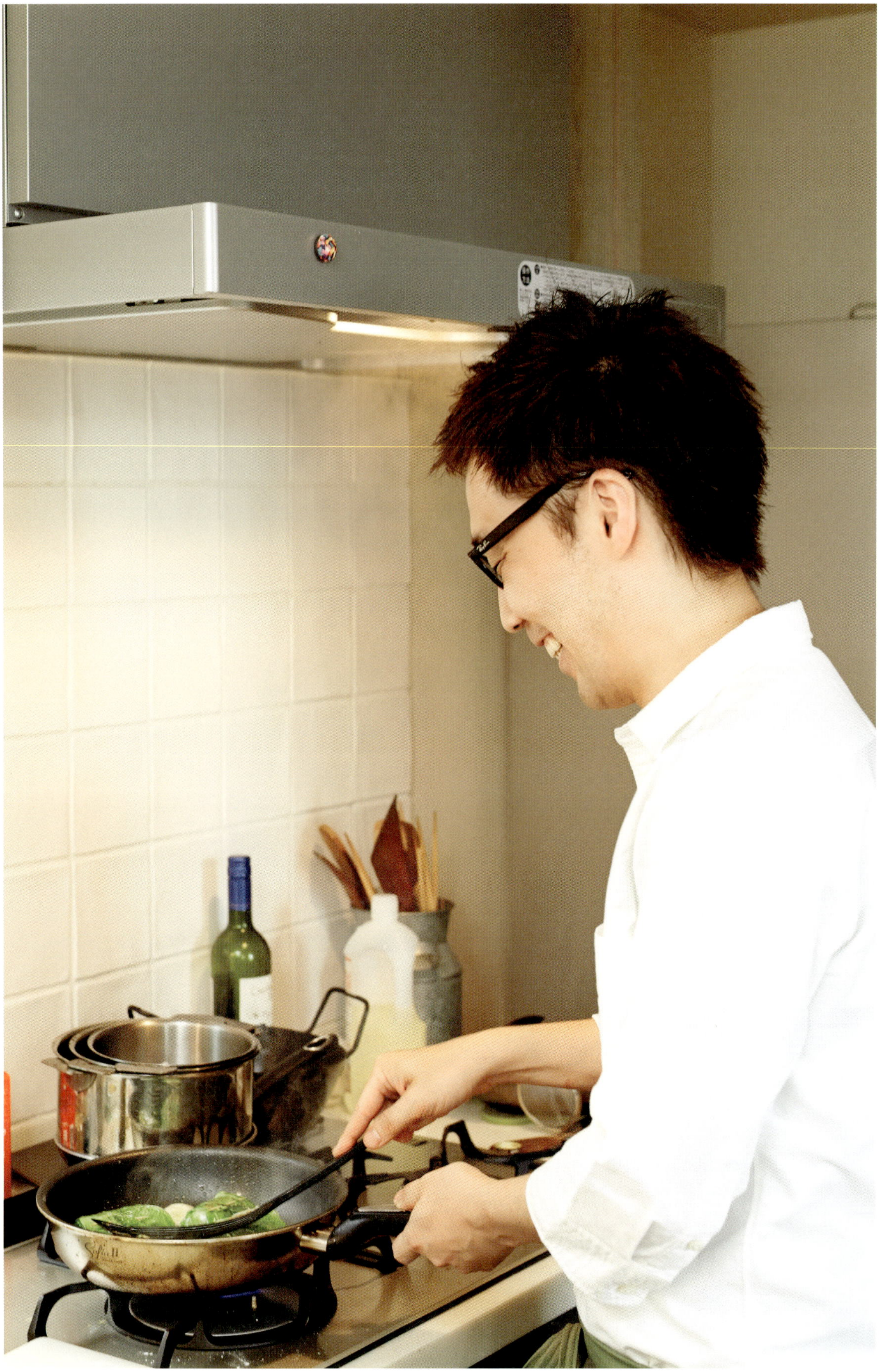

part 1

刺身・生食用の魚

野本流
刺身をおいしく
食べるコツ！

余分な水分と臭みをぬいて うま味をプラス！

そのためには

☞ **昆布**でしめる！　　　　　　　　p.9

☞ **しょうゆ**で「漬け」にする！　　p.13

☞ **塩**でしめる！　　　　　　　　　p.19

☞ **レモンや酢**でしめる！　　　　　p.24

☞ さっと**火を通す**！　　　　　　　p.28

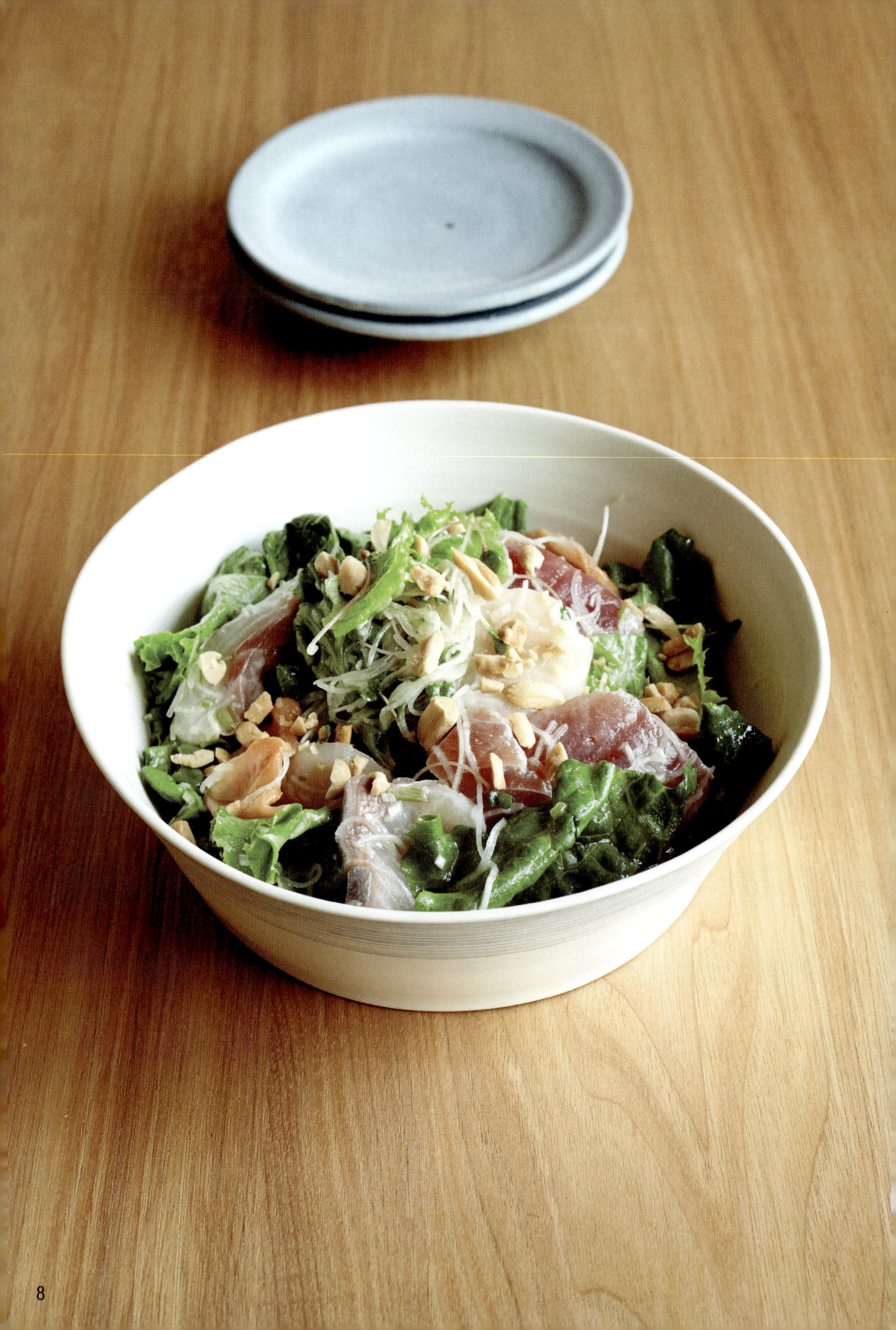

野本流 刺身は昆布ではさむ！
これでぐーんと味アップ

刺身が安くなっていたら迷わず買って「昆布じめ」に！
昆布にはさんで20〜30分おくだけで、
昆布が刺身の水分と臭みをぬいて、うま味をプラスしてくれます。
日高昆布や煮物用など手軽な昆布で十分です。
ぜひ試してみて！

昆布でしめた刺身と切る手間なしのつま野菜で、
大満足のおかずサラダ！

刺身とつま野菜のサラダ

材料（2人分）

- 刺身盛り合わせ…2人分（200g）
- 昆布、酒…各適量
- つま（刺身についている）…約50g
- ブロッコリースプラウト…½パック
  （根つきは根元を切り落とす）
- グリーンリーフ…2〜3枚
- A
  - オリーブ油…大さじ2
  - 白ワインビネガー…大さじ2
  - 長ねぎのみじん切り…¼本分
  - 砂糖…小さじ½
  - 塩…小さじ½
  - こしょう…少々
- ピーナッツ（くだく）…大さじ2

＊刺身につまがついていない場合は、小袋入りの別売りを利用。またはスプラウト類や好みのサラダ野菜をプラスして。

作り方

◎ 最初にすること
- ラップを広げて昆布を置いて酒でふき、その上に刺身を並べ、ラップでしっかり包む。冷蔵庫で30分ほどしめる。

1. つまは食べやすく2つに切り、スプラウトとざっと混ぜ合わせる。グリーンリーフは食べやすくちぎる。
2. 大きめのボウルにAを入れて混ぜ合わせ、昆布でしめた刺身を入れてあえ、1を加えてざっとあえる。
3. 器に盛ってピーナッツを散らす。

Point
これで味アップ！昆布でしめる

① ラップの上に昆布を広げて酒でシワの中までふく。これで昆布が少ししんなりするし、刺身が昆布にくっつかない。

② 昆布の上に刺身を並べる。昆布の枚数は、昆布の長さと刺身の量に合わせて適宜。

③ 重ねてラップでしっかり包んで、冷蔵庫で30分ほどしめる。これで余分な水分はぬけ、昆布のうま味が加わる。

＊使った昆布はさっと洗って酒でふいて、おでんや煮物に活用できます。

Memo
ピーナッツをくだく！

キッチンペーパーを4つ折にして、その間にピーナッツを入れて口を折り返し、すりこぎなどでたたくと簡単です。

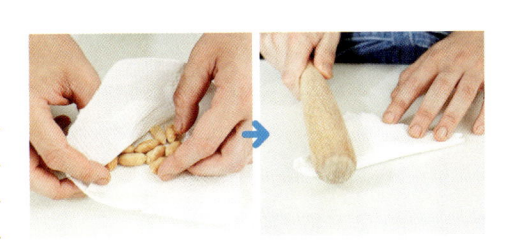

昆布じめの定番中の定番！　さくを昆布じめにすれば、
翌日用に前日仕込んでおくこともできます。

たいの昆布じめ

材料(2人分)

たい(刺身用)…1さく(200g)
昆布、酒…各適量
青じそ、つま(大根)…各適量
わさび、しょうゆ…各適量
＊ひらめ(刺身用)でも同様にできる。

> **Memo**
>
> 切ってある刺身で作る場合は、30分～1時間でおいしく食べられます。

作り方

◎ 最初にすること

- ラップを広げて昆布を置いて酒でふき、たいをのせて上にも昆布をかぶせる(ⓐ)。ラップでしっかり包んで(ⓑ)、冷蔵庫で6～8時間(一晩)しめる。

1. しめたたいを切る。そのとき、包丁で上から押さえつけず、包丁の根元から入れて長さを使って引くときれいに切ることができる。
2. 器に青じそ、つま、1を盛り合わせて、わさびとしょうゆを添える。

＊昆布とラップに包んだ状態で、冷蔵庫で2日ほど保存できます。しっかりなじんだ濃厚な味もよいものです。

Point

サーモンは脂がつよいので、塩をしてから昆布じめにして、
ポン酢じょうゆであえるとおいしくなります。

サーモンの昆布じめ わさびポン酢

材料(2人分)
サーモン(刺身用)…1さく(160g)
塩…少々
昆布、酒…各適量
ポン酢じょうゆ、わさび…各適量

作り方
◎ 最初にすること
- サーモンは食べやすい厚さに切り、塩をふる。ラップを広げて昆布を置いて酒でふき、サーモンを並べて、上からも昆布をかぶせる。ラップでしっかり包んで、冷蔵庫で1時間ほどしめる。

1 ボウルに昆布じめにしたサーモンを入れ、ポン酢じょうゆを加えてあえる。

2 器に盛り、わさびを添える。

Memo
切って昆布じめにすると30分〜1時間で食べごろに、さくのまま昆布じめにすると6〜8時間(一晩)で食べごろになります。
食べるまでの時間を考えて、さくのままか、切るかを決めましょう。

> バリエーション

「漬けの刺身」：切って青じそとわさびを添える（写真左）。

「漬けのやまかけ」：角切りにし、とろろいもをかける（写真右）。

野本流 まぐろは「漬け」にする！
漬けだれ＝しょうゆ2：酒1：みりん1

まぐろは赤身を選んで「漬け」にしましょう。
普通にしょうゆとわさびをつけながら食べるよりも、
余分な水分や臭みがぬけて、まぐろのおいしさを堪能できます。
酒とみりんはアルコール分をとばすこと。
これで香りがよく、うま味が立った漬けだれになります。

漬けにしてからオリーブ油をかけるだけ！
ドレッシングを作る手間なしです。

まぐろの漬けパッチョ

材料（2人分）
まぐろ…1さく（200g）
▼漬けだれ
A ┌ しょうゆ…大さじ4
　├ みりん…大さじ2
　└ 酒…大さじ2
ベビーリーフ…適量
オリーブ油…適量

作り方

◎ 最初にすること

- 漬けだれを作る。Aは耐熱容器に入れて、電子レンジで1分ほど加熱してアルコールをとばし、しょうゆを加えて混ぜ合わせて冷ます。
- 漬けにする。まぐろはそぎ切りしてバットに並べ、漬けだれをかけ、キッチンペーパーをかぶせて10分おく。

1 器に漬けにしたまぐろを並べ、ベビーリーフをのせて、オリーブ油をかける。

＊みりん、酒を電子レンジで煮きるときは、吹きこぼれ防止のため、少し大きめの耐熱容器を用いましょう。

バリエーション

まぐろの塩漬け オリーブ油とレモン添え

まぐろ（さく）は塩をふって30分おき、塩を洗い流してキッチンペーパーでしっかり水気をとり、切って器に盛る。オリーブ油をかけ、レモンを絞る。

＊塩をふると、余分な水分や臭みはぬけて塩味がつくので、さっぱりとした風味になっておいしいものです。そぎ切り、角切りなど切り方を変えると、食感の変化も楽しめます。

Point

これで味アップ！漬けにする

① バットに切ったまぐろを並べ、漬けだれをかける。キッチンペーパーをかぶせるので、漬けだれから少し出てもよい。

② 漬けだれがまわるように、キッチンペーパーを漬けだれに浸るようにかける。このまま10分ほどおく。

＊さくのまま漬ける場合は3〜4時間、冷蔵庫で漬けるとよい。

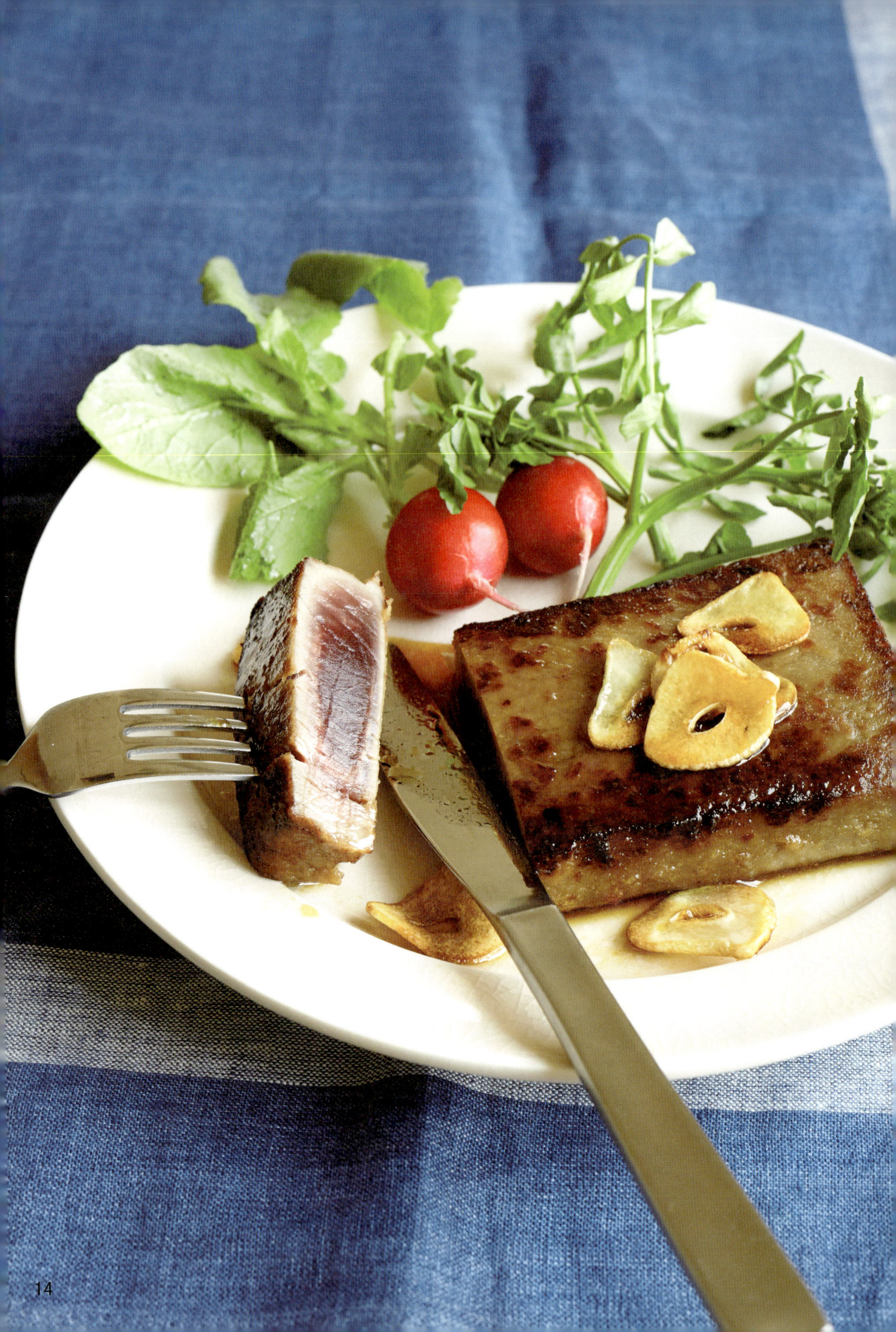

漬けまぐろをダイナミックなステーキに！
にんにくとしょうゆの香味が食欲をそそる、
おもてなしにもおすすめの一品です。

まぐろの漬けステーキ

材料（2人分）
まぐろ…2さく（150g×2）
▼漬けだれ
A ┃ しょうゆ…大さじ4
　┃ みりん…大さじ2
　┃ 酒…大さじ2
小麦粉…適量
にんにくの薄切り…1かけ分
オリーブ油…大さじ1
B ┃ みりん…大さじ1
　┃ 酒…大さじ1
クレソン、ラディッシュ…各適量
＊つけ合わせの野菜は好みのものでよい。

作り方

◎ 最初にすること

- 漬けだれを作る。*A*は耐熱容器に入れて電子レンジで1分ほど加熱してアルコールをとばし、しょうゆを加えて混ぜ合わせて冷ます。
- 漬けにする。まぐろは漬けだれをかけ、キッチンペーパーをかぶせて20分おく。

1 漬けにしたまぐろに小麦粉をまぶす。漬けだれに*B*を加えて混ぜ合わせる。

2 フライパンにオリーブ油とにんにくを入れて火にかけ、にんにくをカリカリに焼いて取り出す。

3 同じフライパンを強火にかけ、まぐろを入れて表面に焼き色をつけ、裏返して裏も同様に焼き色をつける。*1*の漬けだれを加えて手早く煮からめる。

4 器にまぐろを盛り、*2*のにんにくをのせてフライパンに残っている焼き汁をかけ、ラディッシュ、クレソンを添える。

Point
これで味アップ！漬けにして焼く

① まぐろはさくのまま漬けだれに20分漬けて漬けにする。

② 汁気をふき、小麦粉をまぶして余分をはたいて落とす。これで焼くときにうま味を流さず、仕上げのたれもよくからむ。

③ にんにくは、焦がさないように火加減してカリカリに焼いて取り出す。

④ 粉をまぶした漬けまぐろを、にんにくの香りがついた油で強火で表面だけ焼き、漬けだれをからめる。

まぐろの白い筋が多い部分も、火を通すと口当たりがアップ。
しじみと昆布のおいしい出汁で煮る、イチオシのねぎまです。

ねぎま鍋

材料(2人分)

まぐろ(刺身かぶつ切り)…2人分(200g)
長ねぎ…1本
せり…½束
しじみ(砂ぬきする)…300g
昆布…5～6cm
水…6カップ
A │ 薄口しょうゆ…大さじ2
　 │ みりん…大さじ1
　 │ 酒…大さじ1
　 │ 塩…小さじ1

＊しじみの砂ぬきの方法はp.88を参照。

作り方

1. 長ねぎは長さ3cmに切り、せりは食べやすい長さに切る。
2. 鍋にしじみ、昆布、水を入れて弱火にかけ、アクが出たら取り除き、煮立つ直前で昆布を取り出す。しじみの口が開いたら**A**を加えて一煮立ちさせる。
3. 2の鍋を食卓に出し、長ねぎ、まぐろを入れて一煮して、せりを加える。

＊好みで粉ざんしょう、七味唐辛子などを添えるとよい。

まぐろを小さく切ってしょうゆであえて、即席の漬けに。
納豆とまぐろは混ぜ合わせずに、一緒に口に入れるほうがおいしい！

まぐろ納豆

材料（1人分）

まぐろの刺身…1人分（40g）
しょうゆ…小さじ½
納豆…小1パック
青じそ…3枚

作り方

1. まぐろは小さく切り、しょうゆであえて即席の漬けにする。
2. 納豆はしょうゆ少々（分量外）を加えて混ぜる。
3. 器に青じそを敷いてまぐろを盛り、納豆をのせる。

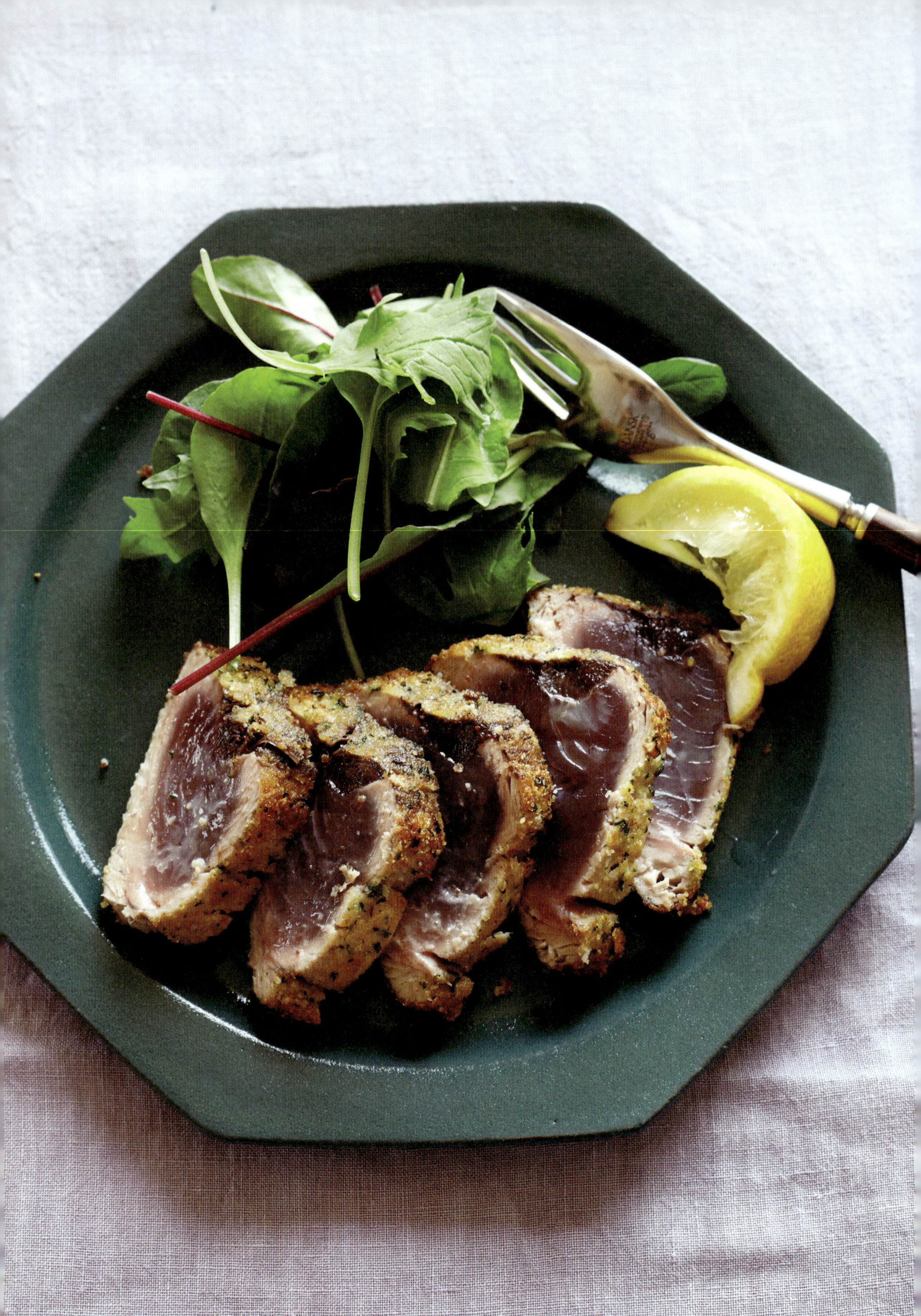

野本流 かつおは塩でしめて！香味で包む

香味野菜たっぷりのたたき、にんにくで食べる刺身、いずれも香味でかつおのクセをやわらげるのが秘訣です。さらに、塩でしめて余分な水分や臭みをぬくと、塩のチカラでかつおのうま味がすっきりと立ってぐんとおいしくなります。ぶり、サーモンなど脂がのった魚も同様です。

パセリとチーズを加えた香りのよいパン粉で包んで香ばしく焼き、熱々にレモンをぎゅっと絞ってどうぞ！

かつおの香草パン粉焼き

材料(2人分)
かつお(刺身用)…1さく(250g)
A　パン粉…½カップ
　　粉チーズ…大さじ1と½
　　パセリのみじん切り…大さじ1と½
　　にんにくのみじん切り…1かけ分
小麦粉、溶き卵…各適量
オリーブ油…大さじ3
ベビーリーフ…適量
レモンのくし形切り…2切れ
塩、こしょう…各適量

作り方

◎ 最初にすること
- かつおに塩をふって15分おく。

1. Aを混ぜ合わせて香草パン粉を作る。
2. かつおの水気をキッチンペーパーでとり、塩、こしょうをふり、小麦粉、溶き卵、Aを順につける。
3. フライパンにオリーブ油を熱し、2を入れて強火で表面をきつね色に焼く。全ての面を順に焼いて取り出し、油をきって熱々のうちに食べやすく切り、レモンを絞る。
4. 器に盛ってベビーリーフを添える。

＊熱いうちにレモン汁をかけると、生臭みがとれるだけではなく、タンパク質がかたまるので水っぽくなるを防ぐことができます。

Memo

香草パン粉

パン粉にパセリとチーズを混ぜた基本的な香草パン粉です。パン粉焼きのほかグラタンなどにも活用できるので、覚えておくと重宝します。本書ではp.71の「いわしとほうれん草のオーブン焼き」でも用いています。

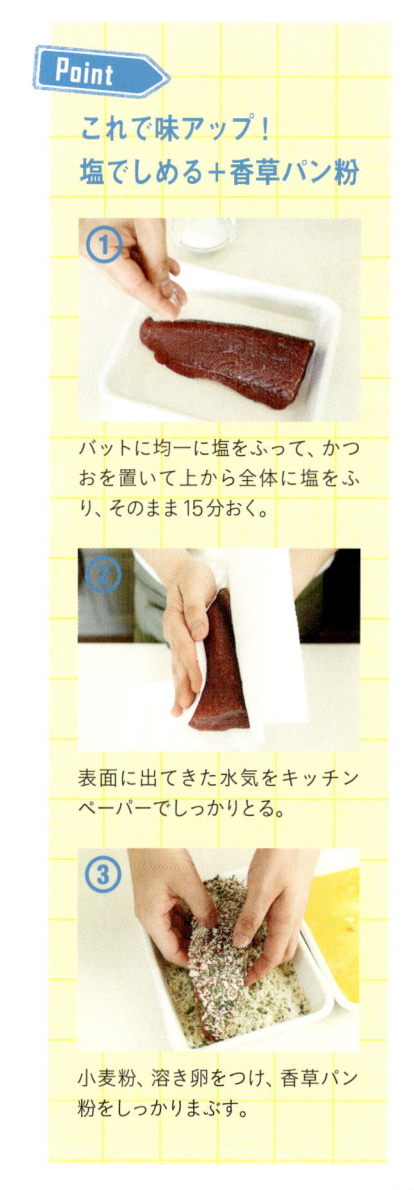

Point

これで味アップ！
塩でしめる＋香草パン粉

① バットに均一に塩をふって、かつおを置いて上から全体に塩をふり、そのまま15分おく。

② 表面に出てきた水気をキッチンペーパーでしっかりとる。

③ 小麦粉、溶き卵をつけ、香草パン粉をしっかりまぶす。

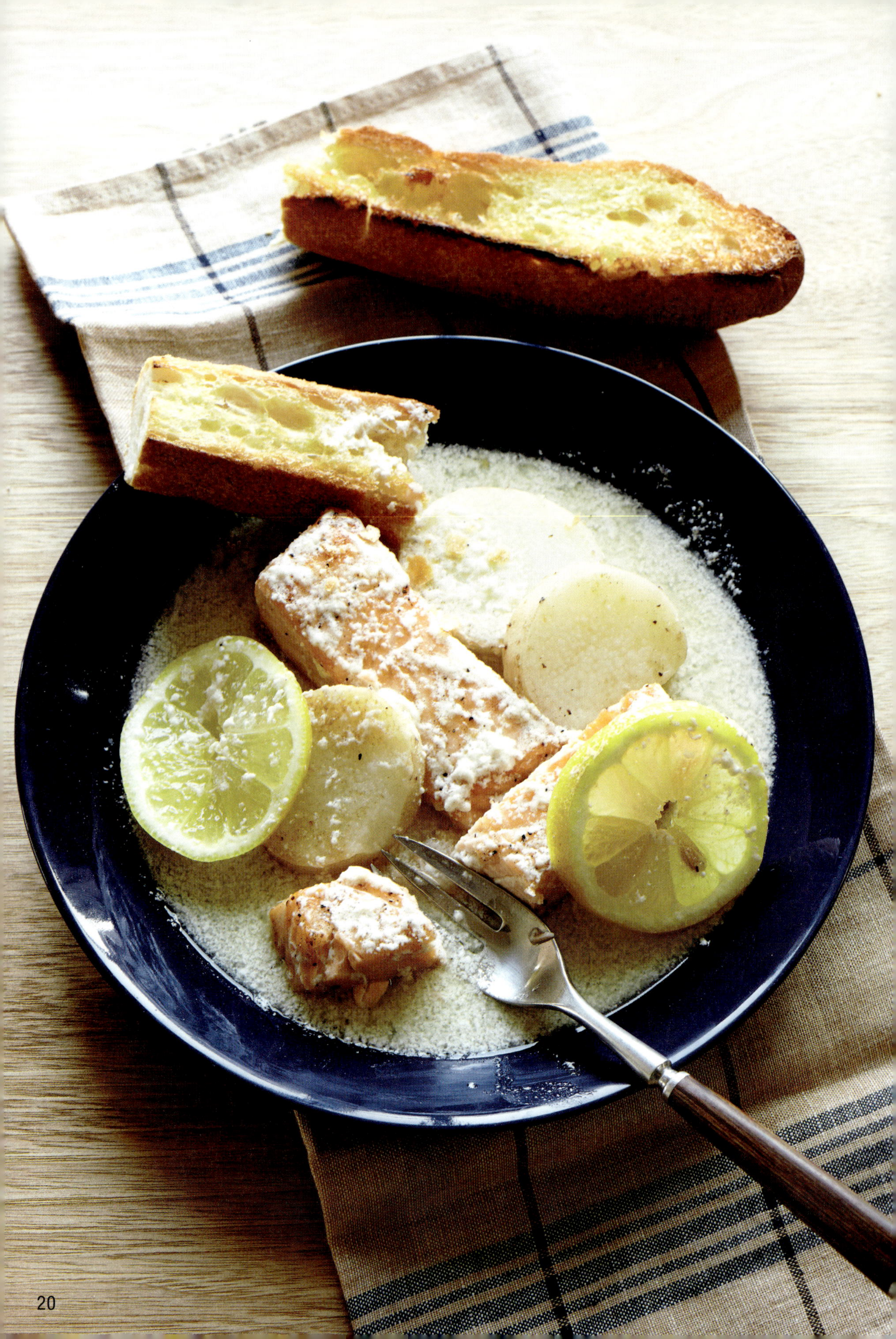

野本流 サーモンは塩でしめて！ミルク味で包む

脂がのったサーモンは塩でしめると
サーモン本来のフレッシュな味わいが引き出されます。
そして相性抜群なのが、乳製品とレモン！
骨も皮もないので、肉感覚でかるい煮込みにすると、
鮮度がいいだけに絶品です。

臭みをぬいたサーモンを牛乳で煮てレモンで仕上げます。
カリっと香ばしく焼いたガーリックトーストを添えたらボリューム満点！

サーモンと長いものレモンクリーム煮 ガーリックトースト添え

材料(2人分)
- サーモン(刺身用)…1さく(200g)
- 長いも…6cm(200g)
- 塩、こしょう…各適量
- 小麦粉……適量
- A
  - 牛乳…2カップ
  - コンソメ(顆粒)…小さじ1
  - ローリエ…1枚
- レモンの薄切り…½個分
- バター…20g
- バケット…¼本
- オリーブ油…適量
- にんにく…適量

作り方

◎ 最初にすること
- サーモンに塩をふって15分おく。

1. 長いもは皮のまま厚さ1cmの輪切りにし、塩、こしょうをふる。
2. サーモンの水気をとって、4つに切り、こしょうをふり、小麦粉をまぶす。
3. フライパンを火にかけてバターをとかし、サーモンと長いもを並べて入れ、中火で両面に焼き色がつくまで焼く。Aを加えて一煮立ちさせ、中弱火で5～6分煮る。レモンを加え、塩、こしょうで味を調える。
4. バケットは縦に半分に切る。オリーブ油を塗り、トースターで焼き、にんにくの切り口をなすりつける。
5. 器に3を盛り、4のガーリックトーストを添える。

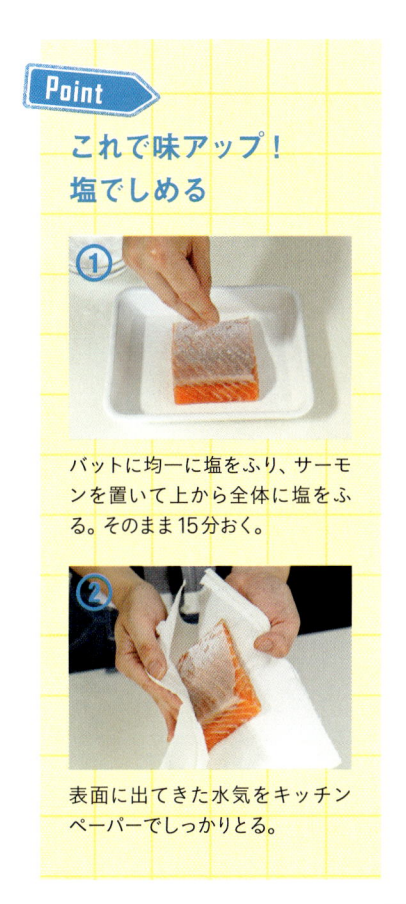

Point これで味アップ！塩でしめる

① バットに均一に塩をふり、サーモンを置いて上から全体に塩をふる。そのまま15分おく。

② 表面に出てきた水気をキッチンペーパーでしっかりとる。

ぶりも塩で余分な水分と臭みをぬき、うま味を引き出します。香りのよい春菊とマスタード風味のドレッシングであえて召し上がれ！

ぶりと春菊のサラダ

材料（2人分）
ぶり（刺身用）…1さく（150g）
塩…適量
春菊…½束
A ┃ オリーブ油…大さじ2
　┃ 酢…大さじ2
　┃ 粒マスタード…小さじ2
　┃ 塩、こしょう…各少々

作り方

◎最初にすること
- ぶりに塩をふって15分おく。

1 春菊は葉を摘んで水にさらし、シャキッとしたら水気をきる。
2 *A*を混ぜ合わせてドレッシングを作る。
3 ぶりは水気をキッチンペーパーでとり、厚さ7〜8mmに切ってボウルに入れる。春菊と*2*を加えてあえる。

Memo

春菊は葉を食べる

春菊はやわらかい葉を摘んでサラダにする。茎はかたいので、斜め薄切りしてゆでて汁の実などに利用しましょう。

ナンプラーベースのエスニック風のドレッシングがかつおのうま味と香味野菜をひとつにまとめてくれます。

かつおのたたきのエスニックサラダ

材料(2人分)

かつおのたたき
　…1さく(200g)
サニーレタス…2〜3枚
きゅうり…½本
玉ねぎ…¼個
パクチー…適量
A │ 干しえび…10g
　│ ナンプラー…大さじ2
　│ 砂糖…大さじ1と½
　│ レモン汁…大さじ1と½
　│ 一味唐辛子…少々

作り方

◎ 最初にすること

- かつおのたたきは食べやすく切り、レモン汁少々(分量外)をふる。

1 サニーレタスは手でちぎる。きゅうりは斜め薄切りにして、せん切りにする。玉ねぎは繊維にそって薄切りにし、水にさらして水気をきる。

2 Aの干しえびは熱湯に浸し、冷めたら湯をきってみじん切りにし、ボウルに入れる。Aの残りの材料を加えて混ぜ合わせ、ドレッシングを作る。

3 器にサニーレタスを敷いて、かつおを盛って*2*をかけ、きゅうりと玉ねぎをのせ、パクチーを添える。

23

青背の魚はレモンや酢でしめろ！

野本流

あじはレモンでしめて臭みをとり、
キムチと韓国のりでピリ辛のサラダに！

あじのチョレギサラダ

材料(2人分)
あじの生食用三枚おろし…2尾分
レモン汁…適量
キムチ…80g
サニーレタス…3枚
万能ねぎ…2本
白ごま…小さじ1
A ┃ しょうゆ…大さじ1
　┃ 酢…大さじ1
　┃ 砂糖…大さじ½
　┃ 水…大さじ½
　┃ ごま油…大さじ½
韓国のり…1パック(8枚)

作り方
◎ 最初にすること
- あじは(小骨があれば骨抜きで抜き)、レモン汁をふって1分おく。

1 サニーレタスは食べやすい大きさにちぎる。万能ねぎは長さ3〜4cmに長めに切る。
2 あじは、一口大のそぎ切りにする。
3 Aを混ぜ合わせる。
4 ボウルに1の野菜とキムチ、あじ、白ごまを入れて3を加えてあえる。器に盛って韓国のりをちぎってのせる。

しめさばと海藻の酢の物

材料(2人分)

しめさば…1/2枚(半身の1/2)
海藻ミックス…100g
きゅうり…1/4本
みょうが…2個
青じそのせん切り…3枚分
A │ 酢…50ml
  │ 昆布出汁…75ml
  │ 砂糖…大さじ2
  │ 塩…小さじ1/4
万能ねぎの小口切り…1本分
針しょうが*…1かけ分

*しょうがをごく細いせん切りにして水にさらし、水気をきる。

作り方

1 海藻ミックは水でもどして絞る。きゅうりは輪切りにして塩(分量外)でもんで水洗いして絞る。みょうがは縦に半分に切って斜め薄切りにし、水にさらして水気をきる。
2 しめさばは食べやすく切り目を入れながら切る(p.27参照)。
3 Aを混ぜ合わせて、合わせ酢を作る。
4 海藻ミックス、きゅうり、みょうが、青じそをざっと合わせて器に盛り、しめさばを盛り合わせ、針しょうが、万能ねぎを散らして3をかける。

飲めるくらい出汁たっぷりだから、つーんとする酢の物が苦手という人も大丈夫！

しめさばの磯巻

材料(2人分)

しめさば…半身
のり(のり巻き用)…1/2枚
青じそ…2枚
ガリ…30g
きゅうり…縦1/4本

作り方

1 しめさばはのりの幅に合わせて切り、厚みを開く。
2 ラップを広げてのりを置き、しめさばをのせ(奥はのりしろ分として3cmほどあける)、青じそ、ガリ、きゅうりを少し手前に置き、ぐるっと巻く。
3 ラップをしたまま4等分に切り、ラップを外して器に盛る。

*巻き簾があれば、ラップの上から巻き簾でしっかり巻いてしめると落ち着く。

しめさばとのりの香り、ガリときゅうりの四重奏！ちょっとがんばって作りたい小粋な一皿。

しめさばを作ってみよう！

材料（作りやすい分量）
さば（生食用三枚おろし）…1尾分
塩、酢…各適量

1 塩をふって90分

雪のようにたっぷり

皮目にたっぷり塩をこすり付け、身にも塩をたっぷりふって90分おいてしめる。

2 余分な塩を水で洗う

90分後

塩がなじんださばは、水で洗ってキッチンペーパーで水気をとる。これで臭みもぬける。

3 酢に15分漬る

ペーパーで覆う

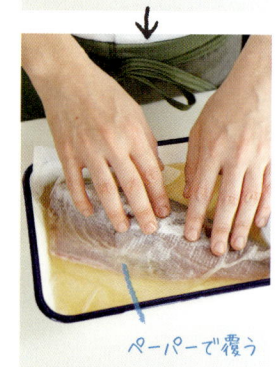

バットに酢を入れてさばを入れ、全体に酢がまわるように表面をキッチンペーパーで覆って15分しめる。酢は普通の穀物酢でよい。

4 腹骨をすきとる

包丁をねかせる

酢から取り出して汁気をとり、腹骨の際から包丁をねかせて入れてすきとる。最初に取り除くと塩と酢の味が入りすぎるので注意。

ガリ（しょうがの甘酢漬け）を作ろう！

新しょうが…250g
塩…適量
A 酢…200mℓ
　 砂糖…70g

しょうがは皮をむいて薄切りにする。鍋に湯を沸かし、塩を加えて2〜3分ゆでる。ざるにあげてしっかり湯をきる。熱いうちに容器に入れてAを加えて6〜8時間漬ける。

自分で作れば鮮度抜群！味はまろやか！
魚屋さんに「しめさばを作るから、3枚におろしてください。
腹骨はそのまま」と頼めばOK。調味料は塩と酢だけ。あとは時間がおいしくしてくれます。

5
小骨を抜く

血合いに小骨がある。指でさぐって骨抜きでつまんで頭のほうに真っ直ぐ引いて抜く。このとき骨の両脇の身を指で押さえていること。

頭のほうに引く

6
薄皮をむく

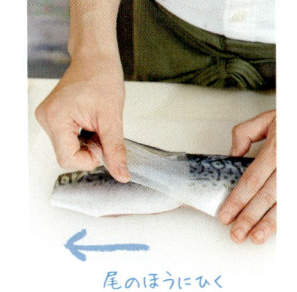

頭のほうから皮をおこして、身を押さえて尾のほうに慎重に並行に引いてむく。

尾のほうにひく

7
皮に切り目をいれて切る

切り目

食べる直前に切る。頭のほうから幅2mmに切り目を入れて次の2mmで切る。これをくり返して切る。

Memo

＊冷蔵庫で6～8時間（一晩）ねかすと味がなじんでさらにおいしくなる。その場合はキッチンペーパーに包んでからラップで包む。
＊また味がなじんだあと冷凍すると保存できるし、万一の寄生虫対策としても安心。食べるときには自然解凍を。

モグモグ

うまっ！

★special recipe★

スペシャルレシピ
しめさばのトーストサンド

トーストした食パンに、マヨネーズとわさびを混ぜて塗り、しめさばをのせ、粗挽き黒こしょうをふる。

27

さっと火を通すとうまみが立つ！

さっと焼いたほたて貝柱の甘みと
バルサミコの出会いが絶妙！

あぶりほたて貝柱のカルパッチョ

材料（2人分）
ほたて貝柱（刺身用）…6個
ブロッコリースプラウト…適量
塩、粗挽き黒こしょう…各少々
バルサミコ酢…小さじ2
オリーブ油…適量
＊根付きスプラウトは根元を切り落とす

作り方

◎最初にすること
- ほたて貝柱は水で洗い、キッチンペーパーで水気をとる。

1. フライパンにオリーブ油を熱し、貝柱を並べて強火で焼いて、両面とも焼き色をつける。厚みを半分に切る。
2. 器に並べて塩、こしょう、バルサミコ酢をふり、スプラウトを散らし、オリーブ油をかける。

ほたて貝柱ときのこの
バターじょうゆ炒め

材料（2人分）

ほたて貝柱（刺身用）…6個
しめじ…½パック
まいたけ…½パック
えのきたけ…¼パック
しょうゆ…大さじ1
バター…20g
塩、粗挽き黒こしょう…各少々

作り方

◎ 最初にすること
- ほたて貝柱は水で洗い、キッチンペーパーで水気をとり、半分に切る。

1. しめじ、まいたけは石づきを切り落として手でほぐす。えのきは軸がくっついている部分を切り落とし、長さを半分に切る。
2. フライパンにバター10gを入れて火にかけてとかし、貝柱を入れて中火で炒め、塩とこしょうをふって2分ほど炒める。きのこを入れてしんなりするまで2分ほど炒め、しょうゆを鍋肌から加えて炒め合わせる。仕上げにバター10gを加え、塩とこしょうで味を調える。

貝ときのことバターじょうゆの最強の組合わせ！貝柱は水で洗って臭みをとるのがポイント。

たことアスパラの
アンチョビ炒め

材料（2人分）

ゆでたこの足…2本
グリーンアスパラガス…4本
オリーブ油…大さじ1
にんにくのみじん切り…1かけ分
アンチョビ（フィレ）…4枚
塩、粗挽き黒こしょう…各少々
レモン汁…少々

作り方

1. たこは、そぎ切りにする。アスパラガスは根元とはかまを取り除いて、厚さ1cmくらいの斜め切りにする。
2. フライパンにオリーブ油とにんにくを入れて弱火にかけ、香りが立ったらアンチョビを加えてつぶしながら炒め、アスパラを入れて中火で炒め合わせる。たこを入れて2〜3分炒め、塩とこしょうをふり、レモン汁を加えて仕上げる。

にんにくとアンチョビでたこを炒めた一品、ワインもビールもいけます！

3分でOK! 1人分の刺身が2人分の小鉢に

たい茶漬け

材料(2人分)

たいの刺身…6切れ
ごはん…茶碗2杯
A ┃ 練りごま(白)…大さじ1
　┃ しょうゆ…大さじ1
　┃ みりん*…大さじ1
出汁…1カップ**
わさび、刻みのり…各適量
ぶぶあられ(または白いりごま)
　…適量

*みりんは耐熱容器に入れてレンジで30秒加熱してアルコールをとばす。

**出汁は水1カップ+出汁の素小さじ1/2でもよい。

作り方

1 Aを混ぜ合わせて、たいの刺身をあえる。
2 茶碗にごはんを盛って1をのせ、ぶぶあられ(または白いりごま)を散らし、熱い出汁をかけてわさび、刻みのりをのせる。

たいパクチー

材料(2人分)

たいの刺身…1人分(80g)
パクチー…2〜3株
ナンプラー…小さじ1
レモン汁…少々

作り方

1 パクチーは食べやすく手で摘む。
2 ボウルにたい、パクチーを入れ、ナンプラー、レモン汁を加えてあえる。

ひらめのトマトあえ

材料(2人分)

ひらめの刺身…1人分(80)g
ミニトマト…4個
バジル…4〜5枚
塩、こしょう…各少々
オリーブ油…大さじ1

作り方

1 ミニトマトは4つに切る。バジルは手でちぎる。
2 ボウルにトマトを入れて塩をふり、ひらめ、バジル、オリーブ油を加えてあえ、塩、こしょうで味を調える。

おつまみにも、ごはんのおかずにもおすすめです。

相性のいい調味料や香味をあえるだけ！

甘えびのユッケ

材料(2人分)
甘えびの刺身…50g
うずら卵の卵黄…2個
しょうゆ、ごま油…各小さじ1
万能ねぎの小口切り…適量

作り方
1. 甘えびは尾を取り除き、しょうゆとごま油であえる。
2. 器に1を盛り、うずら卵の卵黄を真ん中に置き、万能ねぎを散らす。

うにいか

材料(2人分)
いかの細切り(刺身)…1人分(80g)
レモン汁…小さじ1
しょうゆ…小さじ½
うに…40g

作り方
1. いかはレモン汁であえて臭みをぬく。
2. 器に1を盛ってしょうゆをかけ、うにをのせる。

あじのガーリックヨーグルトあえ

材料(2人分)
あじの刺身…1人分(80g)
しょうゆ…適量
きゅうり…⅙本(20g)
A［ プレーンヨーグルト(無糖)…30g
　　みそ…小さじ1
　　にんにくのすりおろし…½かけ分
　　オリーブ油…小さじ½ ］
塩…少々
黒粒こしょう(たたいて砕く)…適量

＊ヨーグルトとみそは発酵食品同士で相性がよい。

作り方
1. あじはボウルに入れてしょうゆをかけ、余分なしょうゆを流してキッチンペーパーではさんで汁気をとって臭みをぬく(「しょうゆ洗い」という)。
2. きゅうりは1cm角に切る。
3. ボウルにAを混ぜ合わせ、1と2を入れてあえ、塩で味を調え、器に盛って黒粒こしょうを散らす。

＊黒粒こしょうは、キッチンペーパーに包んでたたいて砕くと簡単です(p.9Memo参照)

手頃な値段の刺身盛り合わせもわさび風味の「漬け」にすれば、おいしさ倍増。相性がよいアボカドとイクラをプラスして、ばらちらしに！

海鮮ばらちらし

材料(米2合分・3～4人分)

刺身盛り合わせ…3～4人分(300g)
A | しょうゆ…大さじ3
　| みりん、酒…各大さじ1と½
　| わさび…適量
アボカドの1cm角切り…½個分
イクラ…適量
ごはん…2合分
B | 酢…50㎖
　| 砂糖…大さじ1と½
　| 塩…小さじ1と½

＊Aのみりん、酒は耐熱容器に入れてレンジで1分ほど加熱してアルコールをとばす。

作り方

◎ 最初にすること

- 刺身を漬けにする。刺身は小さめの一口大に切り、Aを混ぜ合わせた漬けだれに漬けて15分おく。

1. 炊き上がったごはんは10～15分蒸らす。Bは混ぜ合わせてすし酢を作る。
2. ごはんをボウル(あれば飯台)に入れ、すし酢を数回に分けて加えて切るように混ぜる。粗熱がとれたら濡れ布巾(またはラップ)をかける。
3. 器に2を盛り、漬けにした刺身を全体にのせ、アボカドとイクラを彩りよくのせる。

かつおは相性のよいしょうが風味の「漬け」にして、
香味を加えたすしめしにさっくりと混ぜ込むだけ！

かつおの手こねずし

材料（米2合分・3〜4人分）

- かつお（刺身用）…1さく（300g）
- A しょうゆ…大さじ3
- A みりん、酒…各大さじ1と½
- A しょうがすりおろし…適量
- ごはん…2合分
- B 酢…50ml
- B 砂糖…大さじ1と½
- B 塩…小1さじと½
- 青じそ…6枚
- みょうが…2個
- ガリのみじん切り…30g
- 白ごま…小さじ2
- 万能ねぎの小口切り…3本分

＊Aのみりん、酒は耐熱容器に入れてレンジで1分ほど加熱してアルコールをとばす。

作り方

◎ 最初にすること

- かつおを漬けにする。かつおは厚さ7〜8mmの一口大に切り、Aを混ぜ合わせた漬けだれに漬けて15分おく。

1. 青じそは縦に半分に切り、重ねて横にせん切りにする。みょうがは縦半分に切り、横に薄切りにし、水にさらして水気をきる。

2. ごはんは炊き上がったら10〜15分蒸らす。Bは混ぜ合わせてすし酢を作る。

3. ごはんをボウル（あれば飯台）に入れ、2のすし酢を数回に分けて加えて切るように混ぜる。粗熱がとれたら、青じそとみょうが、ガリ、白ごまを加えて切るように混ぜ込む。

4. 漬けにしたかつおを散らし、つぶさないように手（または大きなヘラ）でさっくりと混ぜる。器に盛って万能ねぎを散らす。

Memo

おいしさプラス！

青じそ、みょうが、万能ねぎはフレッシュな香味に、ガリと白ごまは味わいと口あたりのアクセントになって、かつおとすしめしをまとめてくれます。

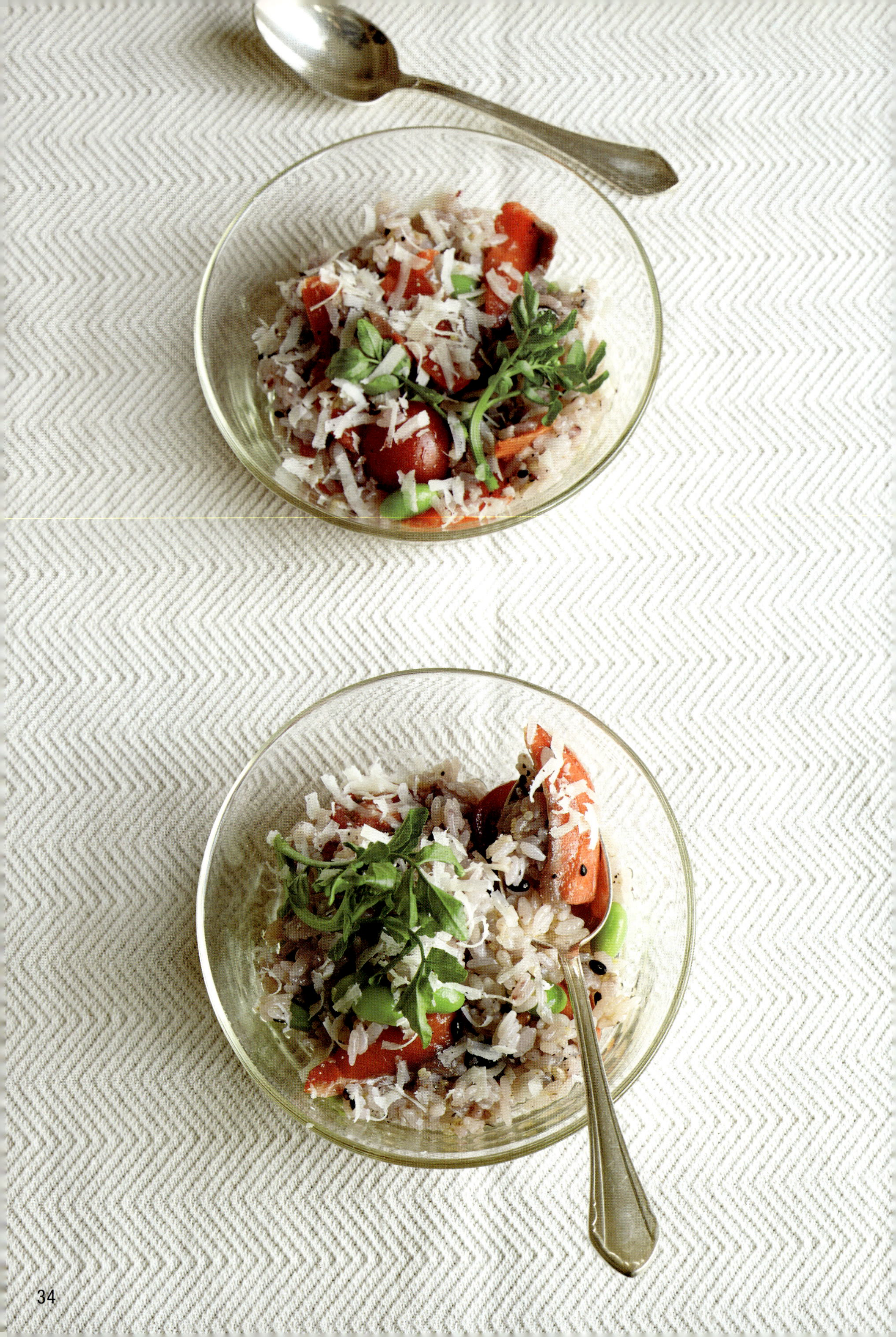

雑穀ごはんがおいしいサラダ感覚のちらしずし！
サーモンと相性のいい玉ねぎのドレッシングで
まろやかに仕上げます。
味をぴしっと決めるのは、クレソンとチーズ！

スモークサーモンの
ライスサラダ

材料（2〜3人分）
スモークサーモン…50g
雑穀ごはん（温かい）…1合分
枝豆（ゆでてさやから出す）…大さじ4
ミニトマト…6個
クレソン…適量
A
　白ワインビネガー…大さじ1と½
　オリーブ油…大さじ1
　玉ねぎのみじん切り…⅛個分
　砂糖…小さじ¼
　塩…小さじ¼
　こしょう…少々
オリーブ油…大さじ1
塩、こしょう…各少々
パルミジャーノ（パルメザンチーズ）…適量
＊スモークサーモンはシンプルな風味のものが合う。

作り方
1 スモークサーモンは食べやすい長さに切る。ミニトマトは半分に切る。クレソンは小枝を摘む。
2 Aを混ぜ合わせてドレッシングを作り、温かい雑穀ごはんに加えてあえ、粗熱をとる。
3 オリーブ油を加えて混ぜ、枝豆、ミニトマトを加えて混ぜ、スモークサーモンを加えて切るように混ぜ、塩、こしょうで味を調える。
4 器に盛り、クレソンを添え、パルミジャーノをけずってかける。

Point
これで味アップ！
サーモンは最後に

① 温かい雑穀ごはんに玉ねぎ風味のドレッシングを加えてあえ、粗熱がとれるまで少しおく。これで洋風すしめしになる。

② オリーブ油を加えてあえ、枝豆とミニトマトを加えてあえる。

③ サーモンを加えて切るように混ぜて全体をなじませる。

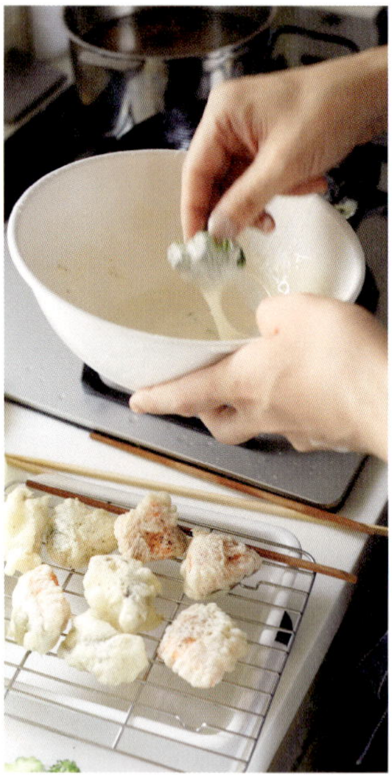

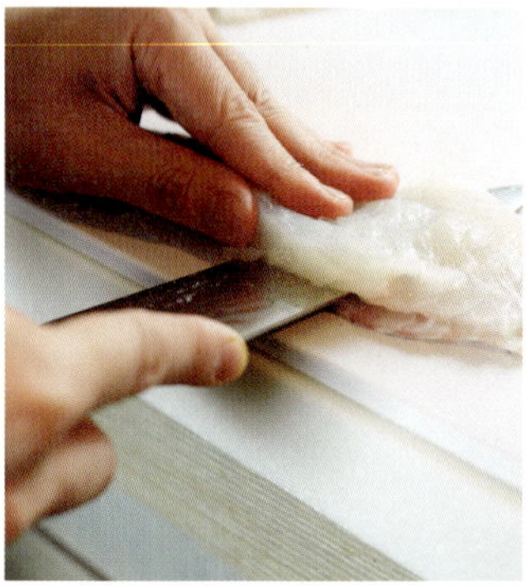

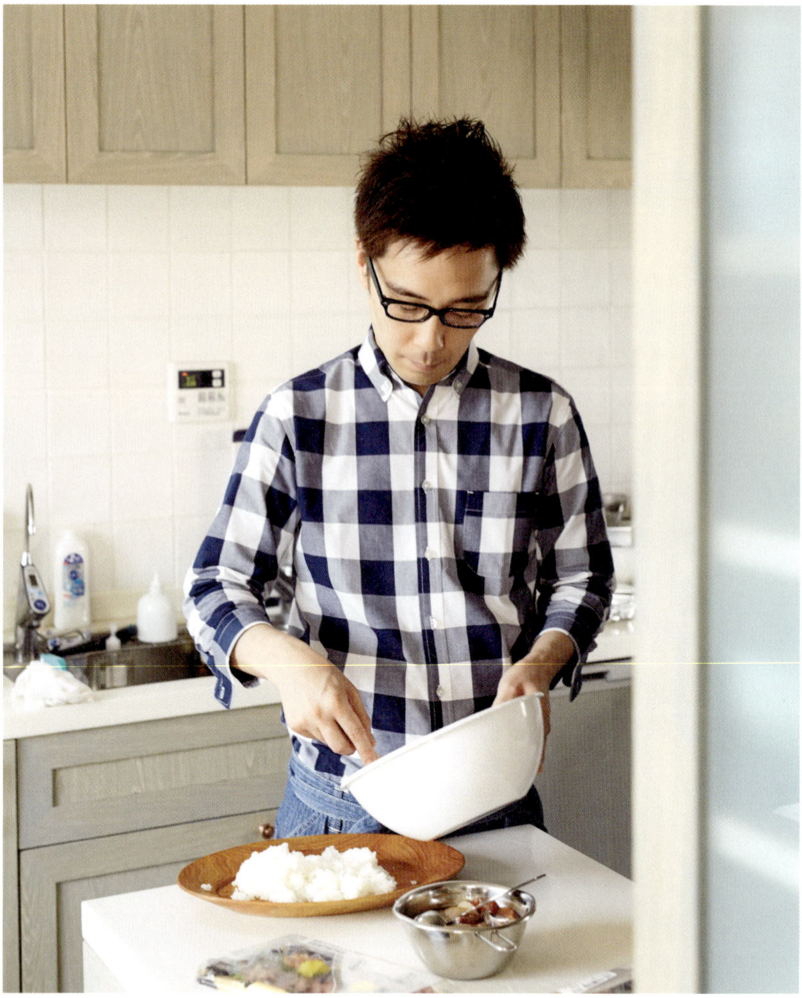

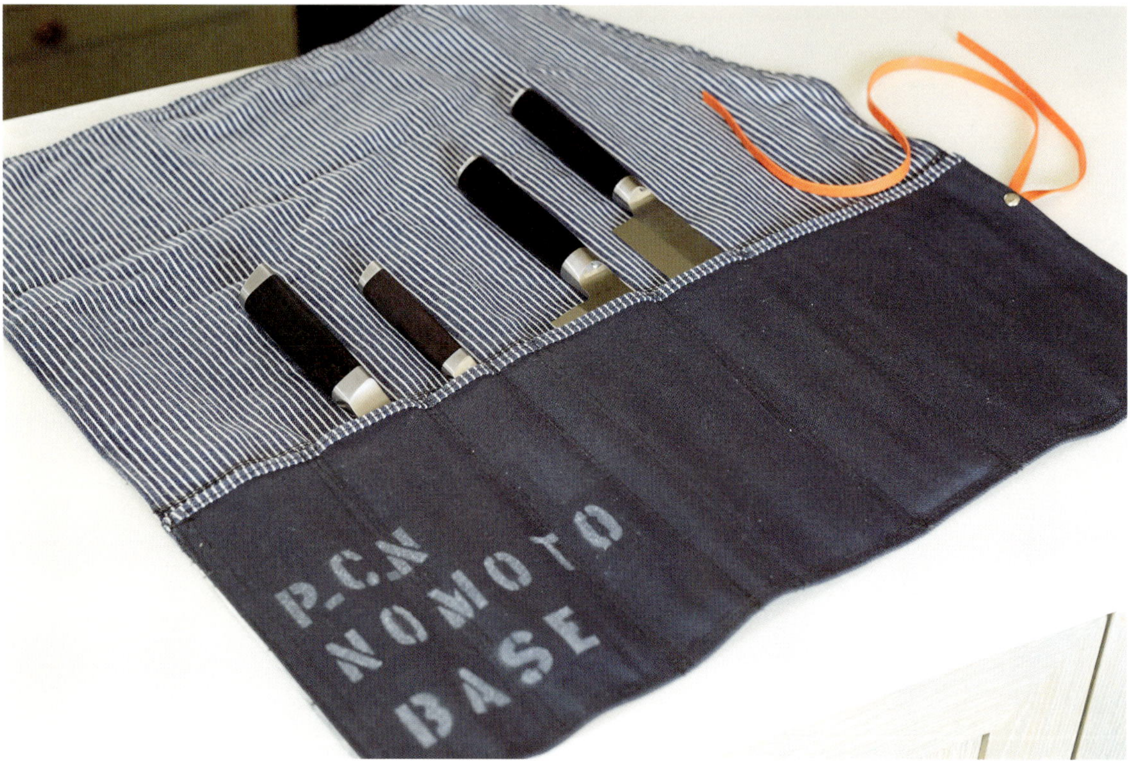
P.C.N
NOMOTO
BASE

切り身魚 part 2

野本流 切り身をおいしく食べるコツ！

余分な水分と臭みをぬく！

そのためには

☞ **塩をふって 15 分おく！** p.39

☞ **下味をつける！** p.51

☞ **煮魚は煮立った煮汁に入れる！** p.54

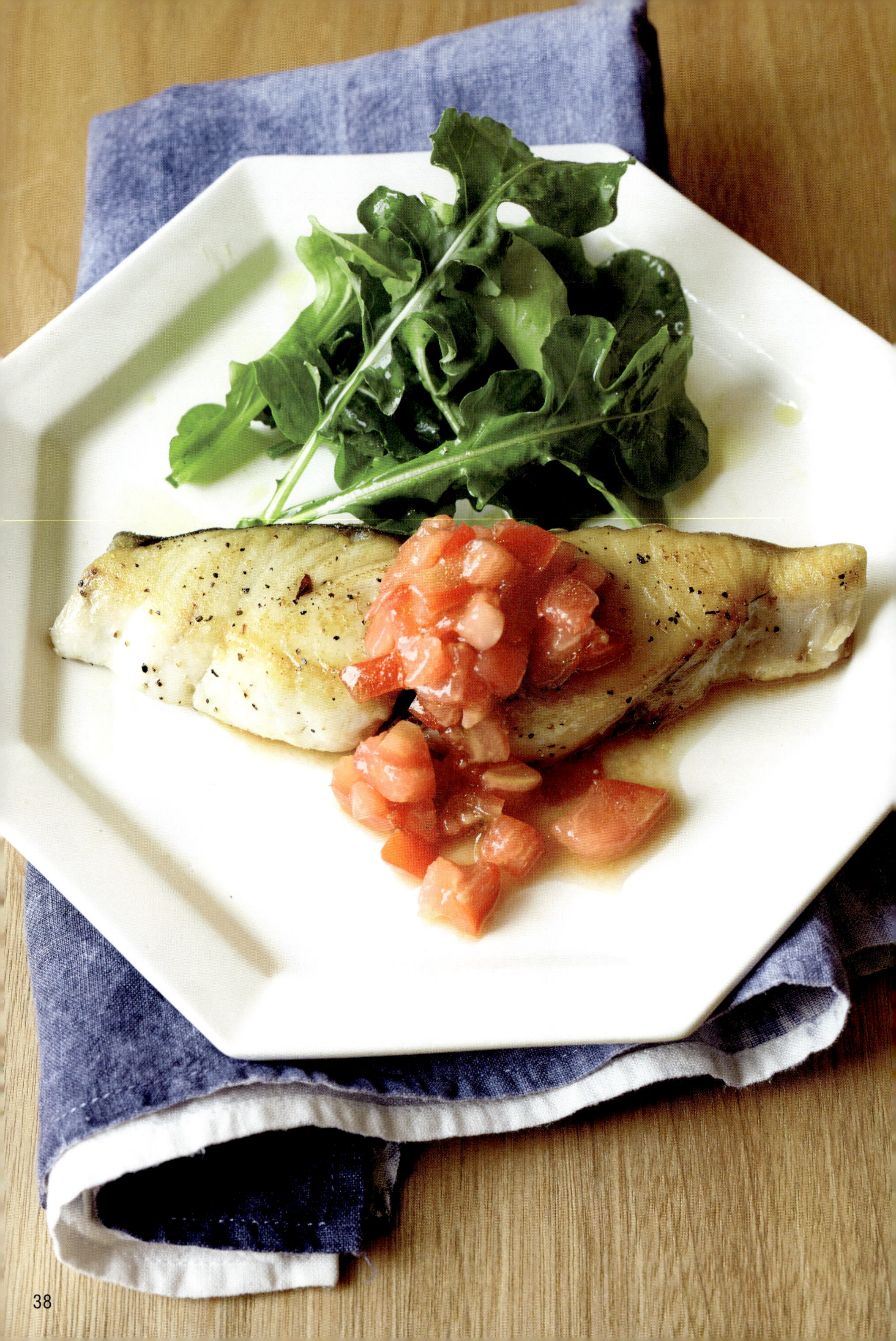

野本流 切り身は塩をふってしめる！これでぐーんと味アップ

切り身は塩をふって15分おく！
水分が出てくるので、キッチンペーパーでしっかりとります。
これだけで余分な水分と臭みがぬけ、身がしまって、
その魚本来のおいしさが味わえます。
さらに、フライパン焼きするときは粉をふること。
これでうま味が流れ出さず、味もからんで完璧！

オリーブ油で焼いたさわらに、
フレッシュトマトのイタリアンなソースを添えます！

さわらのソテー ケッカソース

材料（2人分）
さわら…2切れ
塩…適量
粗挽き黒こしょう…少々
小麦粉…適量
にんにく（つぶす）…1かけ
オリーブ油…大さじ1
▼ケッカソース
 ┌ トマト…小1個（約100g）
 │ 塩…少々
 │   オリーブ油…大さじ1
 │ A レモン汁…小さじ1
 └   バルサミコ酢…少々
ルッコラ…適量
  オリーブ油…少々
B 塩、こしょう…各少々

＊トマトは昆布と同じうまみ成分のグルタミン酸が豊富に含まれているので、おいしいソースに。さわやかな酸味もあるので魚のクセもやわらげます。魚のソテーのほか、ブルスケッタ、グリーンサラダなどにもおすすめです。

作り方

◎ 最初にすること
● さわらに塩をふって15分おく。

1. トマトは粗みじん切りにしてボウルに入れ、塩をふり**A**を加え、トマトとオリーブ油がなじむまで混ぜ合わせる。
2. さわらは水気をキッチンペーパーでとる。塩、こしょうをふり、小麦粉をまぶす。
3. フライパンにオリーブ油とにんにくを入れて弱火にかけ、香りが立ったら中火にして**2**を入れて2～3分焼いてきれいな焼き色がついたら裏返す。同様に2分ほど焼く。
4. 器に**3**を盛り、**1**のソースをかけ、**B**であえたルッコラを添える。

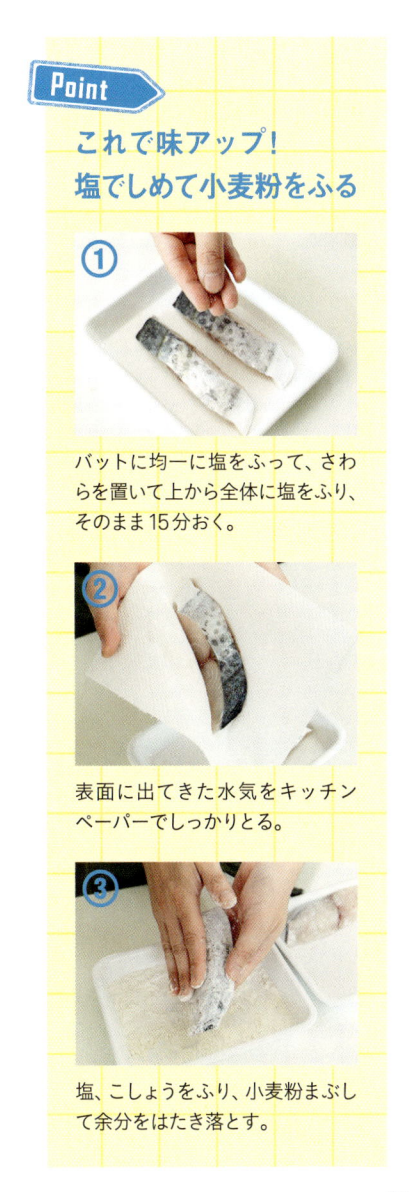

Memo
塩のふり方の基本
バットに塩を均一にふってそこに魚を置き、つぎに魚の上に塩をふる。これで魚を裏返さずに表裏に塩をつけることができます。

Point
これで味アップ！塩でしめて小麦粉をふる

① バットに均一に塩をふって、さわらを置いて上から全体に塩をふり、そのまま15分おく。

② 表面に出てきた水気をキッチンペーパーでしっかりとる。

③ 塩、こしょうをふり、小麦粉まぶして余分をはたき落とす。

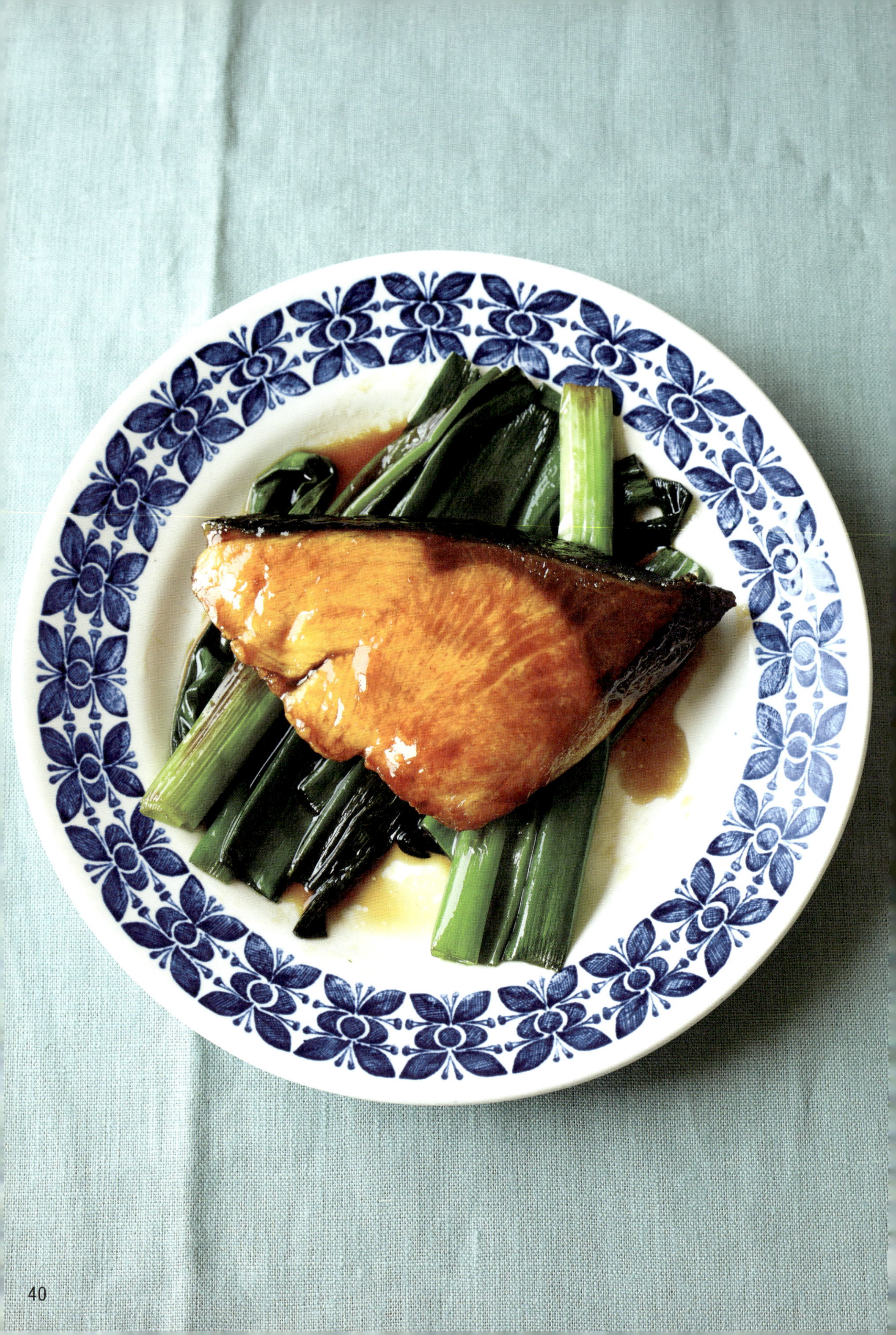

野本流

ぶり照りは、塩をふってしめて焼く！

たれは仕上げにからめる！これが肝心。
塩をして余分な水分と臭みをぬいて、
片栗粉をまぶして色よく焼き、たれをからめます。
これで、ぶりのうまみとたれのうまみが雑味なく出合い、
片栗粉のチカラでとろみと照りもついて文句なし！

ねぎの甘い香味はぶりと相性バッチリ！
一緒に煮てたっぷり添えると、ごはんがすすむこと請け合いです。

ぶりの照り焼き

材料(2人分)
- ぶり…2切れ
- 青ねぎ…2本
- 片栗粉…適量
- A
  - しょうゆ…大さじ2
  - 酒…大さじ2
  - みりん…大さじ2
  - 砂糖…小さじ2
- サラダ油…大さじ1

作り方

◎ 最初にすること
- ぶりに塩をふって15分おく。

1. ねぎは長めに切る。**A**は混ぜ合わせる。
2. ぶりは水気をキッチンペーパーでとり、片栗粉をまぶす。
3. フライパンにサラダ油を熱し、**2**を入れて中火で2〜3分焼いてきれいな焼き色がついたら裏返し、青ねぎをフライパンの空きに入れる。裏側も同様にきれいな焼き色がつくまで2分ほど焼く。
4. フライパンの余分な油をキッチンペーパーでふき取り、中弱火にして**1**の**A**を加えて1〜2分煮からめる。
5. 器に青ねぎとぶりを盛る。

Memo

青ねぎはたっぷり！

ねぎの風味でぶりのクセがやわらいで食欲をそそり、さらに魚も野菜も盛り合わせた満足度の高い一皿になります。ねぎの長さは、器の大きさに合わせて切ると盛り映えがします。

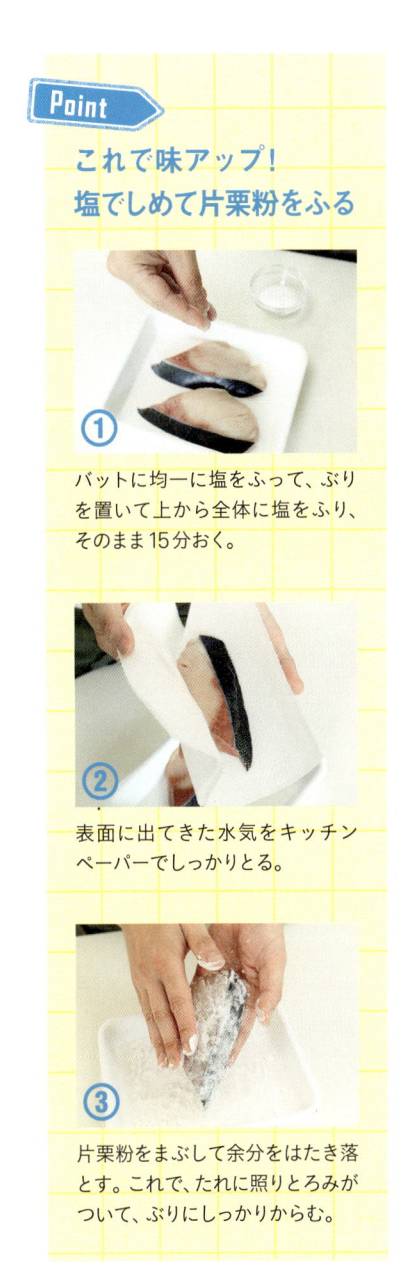

Point

**これで味アップ！
塩でしめて片栗粉をふる**

① バットに均一に塩をふって、ぶりを置いて上から全体に塩をふり、そのまま15分おく。

② 表面に出てきた水気をキッチンペーパーでしっかりとる。

③ 片栗粉をまぶして余分をはたき落とす。これで、たれに照りととろみがついて、ぶりにしっかりからむ。

たいは塩をして臭みをぬいて、さらに焼いてから加えるのがポイント！これなら失敗なく風味よく炊き上がります。

たいめし

材料（米2合分）
たい…2切れ
塩…適量
米…2合
A┃出汁…適量（炊飯器の目盛りに従う）
　┃薄口しょうゆ…大さじ2と½
　┃酒…大さじ2
　┃塩…ひとつまみ
しょうがのせん切り…1かけ分
万能ねぎの小口切り…適量

作り方

◎ 最初にすること
- たいは4つくらいにそぎ切りにし、骨があれば取り除く。塩をふって10分おく。

1. 米はAを加えて炊飯する。
2. たいは水気をキッチンペーパーでとる。魚焼きグリルを5分予熱して、たいを並べ、両面が白くなって少し焼き色がつくまで焼く。
3. 米が炊けたらたいをならべてふたをして5分蒸らす。しょうがと万能ねぎを散らして、底から混ぜ合わせる。

Memo

土鍋で炊く場合の火加減

米（といで30分水にひたして水をきる）を土鍋に入れてAを加え、ふたをして中火で10分炊いて沸騰させ、弱火で20分炊いて火を止め、10分蒸らす。焼いたたいを加える。

たいはオリーブ油で香りよく焼き色をつけてから
あさりのおいしい蒸し汁に加えるのが秘訣！

たいのアクアパッツア

材料

たい…2切れ
あさり（砂ぬきする）…10個
にんにくのみじん切り…1かけ分
アンチョビ（フィレ）…2枚
ミニトマト…6個
A｜ タイム…2〜3本
　｜ 黒オリーブ（種抜き）…20g
　｜ 酒…100mℓ
　｜ 水…50mℓ
オリーブ油…大さじ1と小さじ2
塩…適量
こしょう…少々

＊あさりの砂ぬきの方法はp.87を参照。

作り方

◎最初にすること
- たいは3つに切り、塩をふって15分おく。

1. たいは水気をキッチンペーパーでとる。
2. フライパンにオリーブ油大さじ1を熱し、たいを皮目を下にして入れ、中火で焼いて両面とも表面に焼き色がついたら取り出す。
3. 同じフライパンにオリーブ油小さじ2とにんにくを入れて弱火で炒め、香りが立ったらアンチョビを加えてつぶしながら炒める。あさり、ミニトマト、Aを加えてふたをして中火で5〜6分蒸し煮する。
4. たいを戻し入れて一煮し、塩、こしょうで調味する。

切り身魚をキャベツで巻いた食べ応えのある一品！
コンソメ味の煮汁はしょうゆで香りをつけるのがポイントです。

さわらのロールキャベツ

材料(2人分)
さわら…2切れ
塩…適量
粗挽き黒こしょう…少々
カレー粉…少々
キャベツ…大4枚
にんにく(つぶす)…1かけ
A ┃ 水…1カップ
┃ コンソメ(顆粒)…小さじ1
┃ しょうゆ…小さじ¼
オリーブ油…大さじ1

*たい、さけ、たらでも同様においしくできます。

作り方

◎ 最初にすること
- さわらは半分に切り、塩をふって15分おく。

1. キャベツはゆでて冷水にとり、ざるにあげて水気をきる。芯をそぐように切って取り除く。
2. さわらは水気をキッチンペーパーでとる。
3. キャベツを広げ、2をのせて塩、こしょう、カレー粉をふり、包んで端を楊枝で留める。
4. フライパンにオリーブ油、にんにくを入れて火にかけ、香りが立ったら、ロールキャベツを並べ(楊枝で留めた面を下にする)、中火で2～3分焼いて焼き色がついたら裏返して、同様に焼く。Aを加えてふたをして5～6分蒸し煮にする。

Point
カレー粉は隠し味

さわらのクセとるためなので、食べたときカレー味がしたら多すぎます。何か分からないけど、おいしいと感じるくらい「少々」にしましょう。

魚売り場の「鍋セット」はブイヤベースにも便利です。
秘訣は、魚は塩をして臭みをぬき、粉をまぶして表面を焼くこと！

ブイヤベース

材料（2人分）
鍋セット…2人分
　例：きんめ1切れ、有頭えび2尾、
　　　はまぐり小4個、ほたて貝柱2個
にんにくのみじん切り…1かけ分
玉ねぎのみじん切り…1/2個分
トマトの粗みじん切り…2個分
白ワイン…100mℓ
水…50mℓ
サフラン…（あれば）ひとつまみ
オリーブ油…大さじ3
塩、粗挽き黒こしょう、小麦粉
　…各適量

＊サフランを加えると本場の風味になるが、なくてもOK

作り方

◎ 最初にすること
- きんめは大きめの一口大に切り、塩をふって15分おく。

1 水にサフランを加えて色と香りをだす。

2 えびは殻の間から竹串を入れて背わたを抜く。はまぐりは殻のぬめりを洗い流す。ほたて貝柱は水気をとる。

3 きんめは水気をキッチンペーパーでとり、こしょうをふり、小麦粉をまぶして余分をはたき落とす。

4 フライパンにオリーブ油大さじ1を熱し、3のきんめを中火で焼き、両面とも表面に焼き色をつけて取り出す。

5 同じフライパンにオリーブ油大さじ1とにんにくを加えて弱火で炒め、香りが立ったら玉ねぎを加えて中火でしんなりするまで炒める。トマトを加えて2〜3分炒め、白ワインを加えてアルコールをとばす。

6 きんめを戻し入れ、残りの魚介を加え、1を注いでふたをして3〜4分煮る。ふたを外して2〜3分煮て塩小さじ1/2、こしょうで味を調え、仕上げにオリーブ油大さじ1を回しかける。

さけとホワイトソース、チーズの最強トリオに青のりが加わって、こんがり濃厚！いつもとひと味ちがうグラタンです。

さけの青のりグラタン

材料(2人分)

生さけ…2切れ
塩、こしょう…各適量
バター…10g
A[玉ねぎの薄切り…½個分
　 マッシュルームの薄切り
　　…2個分
マカロニ…50g
▼青のり入りホワイトソース
[小麦粉…大さじ4
　バター…40g
　牛乳…200mℓ
　青のり…大さじ1
　塩…小さじ¼
　こしょう…少々
ピザ用チーズ…60g

作り方

◎最初にすること
- さけは塩をふって15分おく。

1 マカロニは表示時間どおりにゆでる。

2 青のり入りホワイトソースをつくる。鍋にバターを入れて火にかけてとかし、小麦粉を加えて木べらで細かい泡がたつまで炒める。牛乳を一気に加えて泡だて器で混ぜながらとろりとするまで煮て火を止める。青のりを加えて混ぜ、塩、こしょうで調味する。

3 さけは水気をキッチンペーパーでとって、食べやすい大きさに切り、こしょうをふる。

4 フライパンを火にかけてバターをとかし、Aを入れて中火で炒め、しんなりしたらさけを加えて炒め、色が変わったら、マカロニを加えて塩、こしょうで味を調える。2の鍋に入れてソースと合わせる。

5 耐熱皿にバター(分量外)を塗り、4を入れてチーズをのせ、オーブントースターで4～5分焼き色がつくまで焼く。

＊さけは乳製品とも青のりとも相性がよいです。

キャベツの水分とバターの風味で蒸し焼きにします。
みそを加えたコクのあるソースとチーズがとろ〜っとからんで、たまらない！

さけのピザ風ホイル焼き

材料（2人分）

生さけ…2切れ
塩…適量
粗挽き黒こしょう…少々
キャベツのざく切り…大2枚分
ピザ用チーズ…60g
A　ピザソース…大さじ3
　　みそ…小さじ4
バター…少々

作り方

◎ 最初にすること
- さけは塩をふって15分おく。

1　さけは水気をキッチンペーパーでとって、こしょうをふる。
2　*A* を混ぜ合わせる。
3　アルミホイルを広げてバターを塗り、キャベツ、さけを置いて *A* をかけ、チーズをのせて包む。オーブントースターで10〜15分焼く。

＊ホイル焼きは、中の空気が熱くなって全体に回ることで加熱されるので、空間をとってふんわり包んで、口はしっかり閉じること。

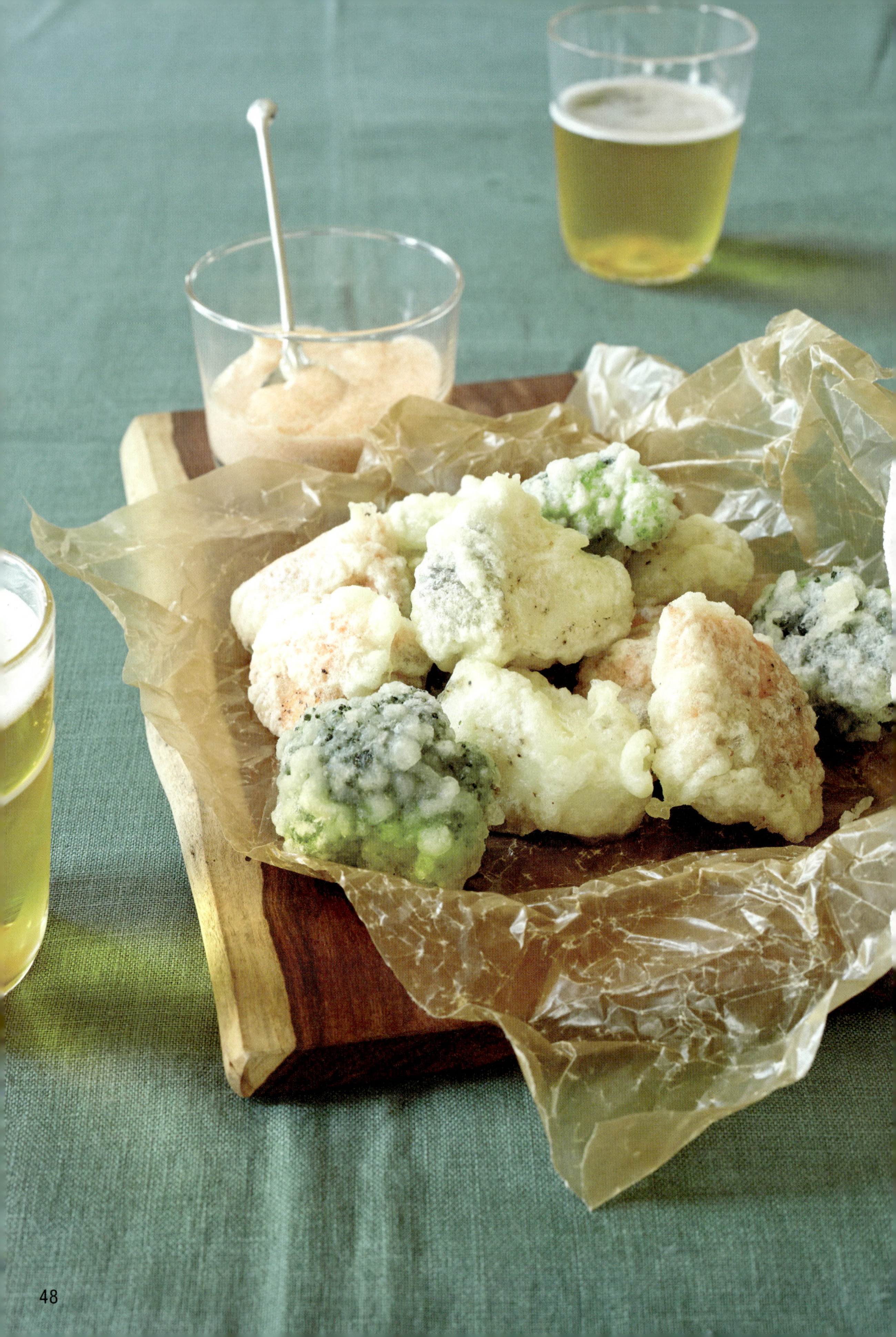

切り身を炭酸入りの衣でかる〜くサクッと揚げ、
たらこマヨネーズで！
ブロッコリーの食感がメリハリになり、あとひくおいしさです。

たらとさけのフリッター
たらこマヨネーズ

材料(2人分)
たら…1切れ
生さけ…1切れ
塩、小麦粉…各適量
こしょう…少々
ブロッコリー…4房
▼フリッターの衣
A｜小麦粉…50g
　｜片栗粉…20g
　｜塩…小さじ1/4
　｜炭酸水…100〜110ml
▼たらこマヨネーズ
B｜マヨネーズ…大さじ2
　｜たらこ…1/2腹(約50g)
　｜牛乳…小さじ1
　｜レモン汁…少々
揚げ油…適量

作り方
◎ 最初にすること
- たら、さけは塩をふって15分おく。

1. たらとさけは、水気をキッチンペーパーでとる。それぞれ4等分に切り、こしょうふり、小麦粉をまぶす。
2. ボウルにAを合わせて衣を作る。
3. 揚げ油を中温に熱し、たらとさけを衣にくぐらせて入れ、3〜4分揚げて油をきる。ブロッコリーも衣にくぐらせて2〜3分揚げる。
4. 器に3を盛り合わせ、Bを混ぜ合わせたたらこソースを添える。

*たらとさけの2種類にすると、彩りも味わいも変化がつきます。えびやほたて貝柱も同様に。
*衣にくぐらせてまっすぐ引き上げると、衣を薄く均一につけることができます。

Memo
衣に炭酸水を加える
炭酸水を加えるとサクッと上がって魚の食感とバランスがよく、おいしいフリッターになります。

Point
これで味アップ！
塩でしめて小麦粉をふる

① バットに均一に塩をふって、切り身を置いて上から全体に塩をふり、そのまま15分おく。

② 表面に出てきた水気をキッチンペーパーでしっかりとる。

③ 切り身を4つに切る(なお、最初に切ってから塩をしてもよい)。

④ こしょうをふり、ポリ袋に入れて小麦粉をふり入れ、空気を入れて膨らませて、ゆすって均一に粉をまぶす。

粉をまぶして焼くからムニエル（＝粉屋風）。
バターとレモンの風味でシンプルに食べるのがいちばん！

さけのムニエル

材料(2人分)
生さけ…2切れ
塩…適量
粗挽き黒こしょう…少々
小麦粉…適量
じゃがいも…1個
バター…20g
レモン汁…小さじ1
サラダ油…小さじ2
パセリのみじん切り…適量

作り方

◎ 最初にすること
- さけに塩をふって15分おく。

1 じゃがいもは皮のまま厚さ1.5cmに切る。耐熱皿に入れて水大さじ1(分量外)をふり、ラップをかけて600wで2分加熱する。キッチンペーパーで水気をとる。

2 さけは水気をキッチンペーパーでとり、塩、こしょうをふり、小麦粉をまぶして余分をはたき落とす。

3 フライパンにサラダ油を熱し、さけとじゃがいもを入れて中火で2〜3分焼いてきれいな焼き色がついたら裏返す。同様に2〜3分焼き、バターを加えて火を止めて余熱でとかしてからめる。

4 器にさけとじゃがいもを盛る。3のフライパンにレモン汁を加えて焼き汁と合わせてソースを作り、さけにかけてパセリを散らす。

野本流

下味をつける！

さばにカレー風味の下味をつけて臭みをとり、香りよく焼く。
らっきょうタルタルで食べれば、スペシャルなおいしさです！

さばのカレーソテー らっきょうタルタル

材料(2人分)

さば…半身
A しょうゆ…大さじ2
  カレー粉…大さじ1
  酒…大さじ1
小麦粉…適量
▼らっきょうタルタル
B らっきょうの
    粗みじん切り…5個分
  ゆで卵の
    粗みじん切り…1個分
  マヨネーズ…大さじ4
  パセリのみじん切り
    …小さじ1
  塩、こしょう…各少々
サラダ油…大さじ1
グリーンリーフ…適量

作り方

◎ 最初にすること

- さばを切る：腹骨を包丁で取り除き、血合いの小骨を抜き、6つに切る。
- Aに漬ける：Aを混ぜ合わせ、さばを漬けて10分そのままおく。
  ＊腹骨を取り除くのは、魚屋さんに頼んでもOK

1 Bを混ぜ合わせて、らっきょうタルタルを作る。
2 さばは汁気をキッチンペーパーでとり、小麦粉をまぶして余分をはたき落とす。
3 フライパンにサラダ油を熱し、さばを入れて中火で2～3分焼いてきれいな焼き色がついたら裏返し、同様に2～3分焼く。
4 皿に盛り、グリーンリーフを添え、タルタルをかける。

Memo

味の秘訣は、らっきょう！

タルタルソースはケッパーやピクルスが必要だし調味も微妙、の悩みはこれで解決！ らっきょうの風味で一発で味が決まります。えびフライ、かきフライにもどうぞ！

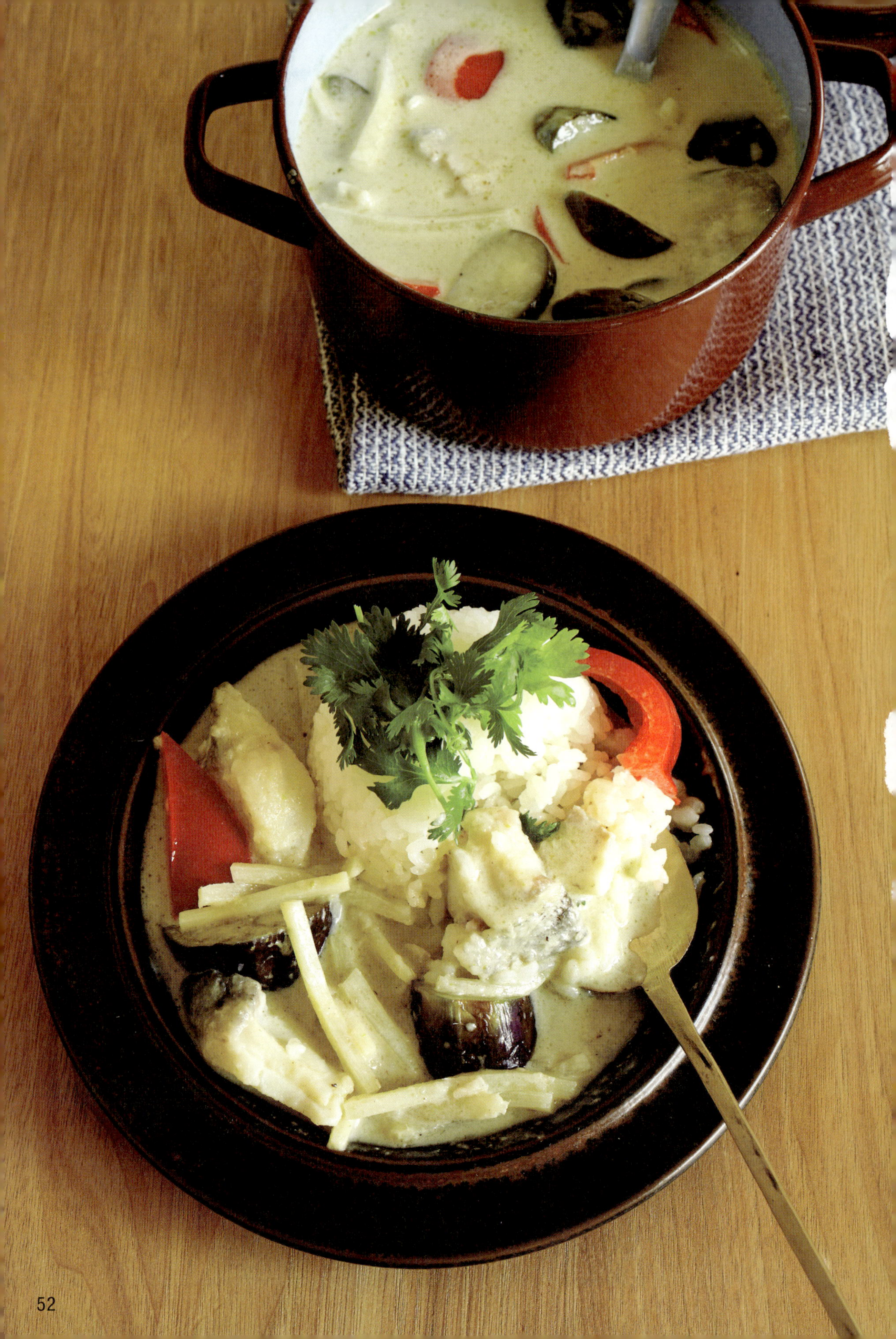

野本流 カレーにするなら下味をつける！

ナンプラーとレモン汁をふって10分おく！
これで臭みがぬけると同時にエスニックな風味がつき、
カレーソースとなじんで深みのある味わいに。
魚介のタイカレーのポイントとして覚えておいて！

カレーペーストをていねいに炒め、
ココナッツミルクは2回に分けて入れること！

たらのグリーンカレー

材料(2人分)
たら…2切れ
A ナンプラー…小さじ2
　レモン汁…小さじ1
小麦粉…適量
なす…1本
パプリカ…½個
たけのこ(水煮)…40g
グリーンカレーペースト…25g
ココナッツミルク…250㎖
水…200㎖
砂糖…大さじ1
ナンプラー…大さじ½
塩、こしょう…各適量
サラダ油…大さじ2
パクチー…適量
ごはん…茶碗2杯分

作り方

◎ 最初にすること
- たらに下味をつける：たらを一口大に切って水気をキッチンペーパーでとり、Aをからめて10分おく。

1. なす、パプリカはそれぞれ乱切りにする。たけのこは細切りにする。
2. たらは、汁気をキッチンペーパーでとって小麦粉をまぶす。
3. フライパンを熱してサラダ油大さじ1をひき、たら、なすとパプリカを炒め、たらに焼き色が少しついたら、すべて取り出す。
4. 同じフライパンにサラダ油大さじ1とカレーペーストを入れ、弱火で炒め、香りが立ったらココナッツミルクの半量と水を入れ、フツフツ煮立ってきたら3を戻し入れ、たけのこを加える。砂糖、ナンプラーを加えて中火で4〜5分煮る。残りのココナッツミルクを加えて一煮立ちさせ、塩、こしょうで調味する。
5. 器にごはんを盛り、4を盛り合わせてパクチーを添える。

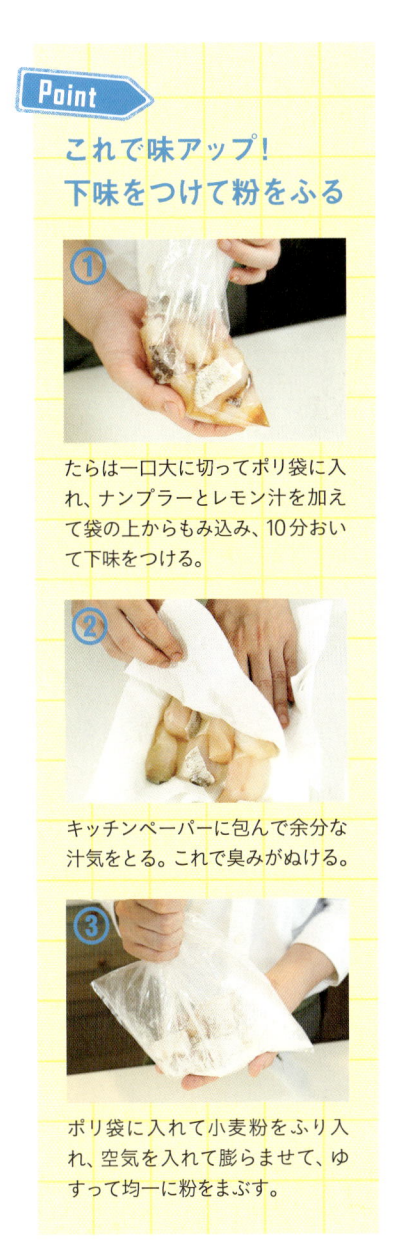

Point
これで味アップ！下味をつけて粉をふる

① たらは一口大に切ってポリ袋に入れ、ナンプラーとレモン汁を加えて袋の上からもみ込み、10分おいて下味をつける。

② キッチンペーパーに包んで余分な汁気をとる。これで臭みがぬける。

③ ポリ袋に入れて小麦粉をふり入れ、空気を入れて膨らませて、ゆすって均一に粉をまぶす。

野本流 煮魚は煮立った煮汁に入れる！

にんにくを加えたパンチのあるみそ煮です。
しょうゆ味で煮てから、みそを加える二段構えがコツ！

さばのみそ煮

材料(2人分)
さば
　…半身(二枚おろしの骨つきのほう)
にんにくの芽…4本
にんにく(つぶす)…1かけ
A｜水…1カップ
　｜酒…大さじ1
　｜砂糖…大さじ2
　｜しょうゆ…大さじ1
みそ…大さじ3

作り方

1. にんにくの芽は長さ4〜5cmに切る。
2. さばは4等分に切り、皮に2カ所切り目を入れる。
3. 鍋に湯を沸かし、さばを入れてさっと表面をゆでて氷水にとり、血合いがあれば洗って取り除く。水気をキッチンペーパーでとる。
4. 鍋にAを入れて一煮立ちさせ、にんにく、さばを入れて落としぶたをし、中火で途中でアクを取り除きながらく3分ほど煮る。
5. 中弱火にしてみそを入れてとき入れ、にんにくの芽を加えて7〜8分煮る。

Memo

煮る魚の下ごしらえ

熱湯で表面だけさっとゆでて脂や臭み、ぬめりなどを落とし、氷水に入れて熱を取り除いて水気をふく。これを「霜降り」といいます。

甘めの煮汁で、煮込まずにさっと煮るのがコツ！
口に入れると、ほほがゆるむおいしさです。

かれいの煮つけ

材料（2人分）
かれい…2切れ
小松菜…1株（約85g）
A
 出汁…1カップ
 酒…大さじ2
 みりん…大さじ2
 砂糖…小さじ1と½
 しょうゆ…大さじ2

作り方

1 小松菜は根元を切り落として、半分に切る。かれいは皮に一本切り目を入れる。

2 フライパンにAを入れて火にかけ、煮立ったところにかれいを入れ、落としぶたして中弱火で6〜7分煮る。小松菜加えてさらに1〜2分煮る。

3 器にかれいと小松菜を盛り合わせ、煮汁をかける。

＊きんめ、たい、さわら、すずきなどでも同様に。
＊落としぶたは、クッキングペーパーやアルミ箔を丸く切って中央に空気穴をあけたものでもOK。

Point
煮立った煮汁に！

煮立てた煮汁に切り身を入れてすぐ表面をかため、臭みを出さずに、うま味も流さずに短時間で火を通すこと。

さわらの西京漬けを作ってみよう！

材料（2人分）
さわら…2切れ
A｜西京みそ…150g
　｜酒…大さじ1
　｜みりん…大さじ1
　｜砂糖…小さじ2

Memo

冷凍しておくと重宝
半日くらい漬けてなじんだところで、1切ずつみそをつけたままラップに包み、冷凍用保存袋に入れて冷凍。食べるときは、自然解凍してみそを取り除いて焼く。

お弁当用に
そのままでは大きいので、切り身を半分に切って同様に漬けると、お弁当箱に詰めやすくて食べやすい。

1 塩をふって30分

塩はこうしてつまむ

バットに均一に塩をふって、さわらを置いて上から全体に塩をふり、30分おいて水気をふく。

2 みそ床を作る

砂糖　みそ　みりん　酒

Aを混ぜ合わせてみそ床を作る。

3 さわらの水気をとる

表面に出てきた水気をキッチンペーパーでしっかりとる。

> 塩は高いところからふる。そのほうが均一にふることができるよ

保存袋なら1切れでも2切れでも気軽に漬けることができます。
塩をして余分な水分と臭みをぬいて、西京みそ、酒、みりん、砂糖を合わせて漬けるだけ！

4
みそに漬ける

保存袋に2のみその半量を入れ、さわらを入れて残りのみそを加え、袋の上からなじませる。

5
1～2日漬ける

保存袋の空気をぬいて口を閉じ、1～2日冷蔵庫で漬ける。

6
焼く

魚焼きグリルを5分予熱する。さわらのみそをキッチンペーパーで取り除き、中火できれいな焼き色がつくまで焼く。

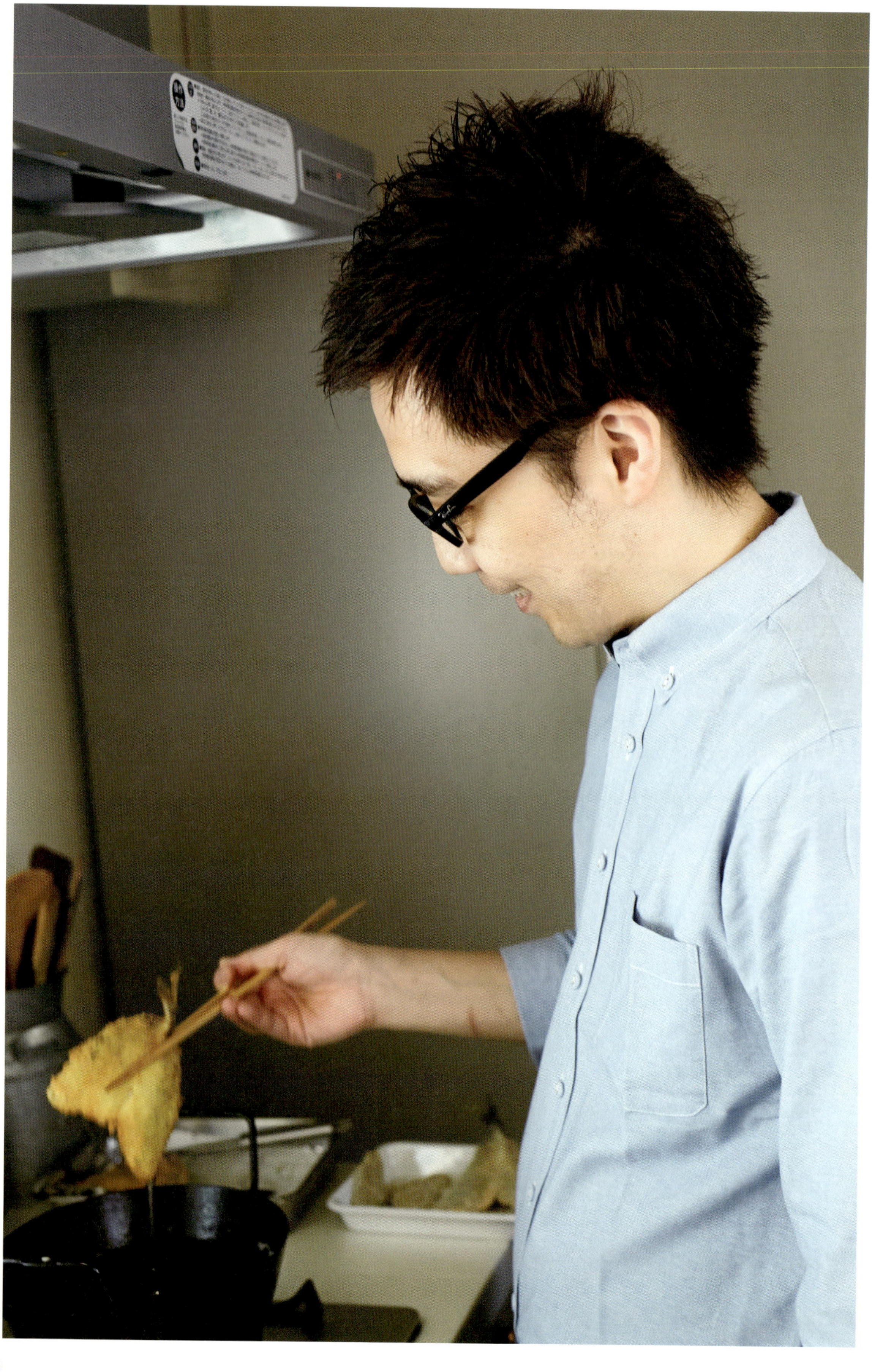

part 3 一尾や骨つきの魚

野本流 一尾をおいしく食べるコツ！

魚はおろせなくてOK！
魚屋さんにオーダーする！

そのためには

☞ **あじは！** p.61　　☞ **たいの頭は！** p.75

☞ **さんまは！** p.67　　☞ **いかは！** p.76

☞ **いわしは！** p.70

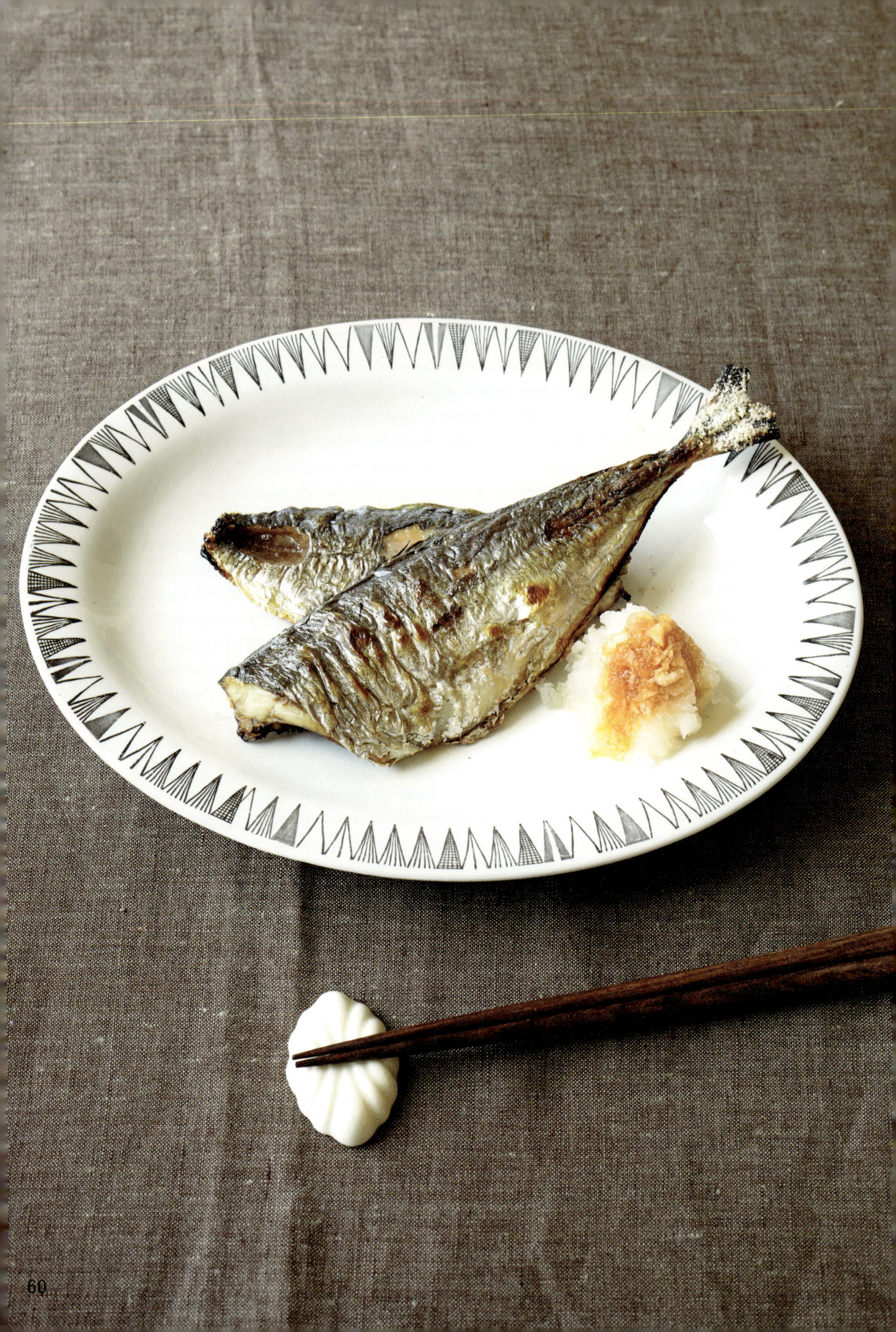

野本流 魚をおろすのは魚屋さんにオーダー！
これでぐーんと手軽。生ゴミもなし！

おろして売っているものよりも、
おろしたてが、鮮度がよくて断然おいしい！
「でも〜魚おろせないし〜はらわた苦手だし〜」の人も
大丈夫！魚屋さんにお任せしましょう。
デキル主婦だって魚屋さんに頼むのがふつうです。
必要なことは
2枚におろすのか、筒切りにするのか……
してほしいことを明確に言えること！

Point
これで味アップ！塩でしめて、塩で調味

①
バットに均一に塩をふって、あじを置いて上から全体に塩をふり、そのまま15分おく。

②
表面に出てきた水気をキッチンペーパーでしっかりとる。これで余分な水分と臭みがぬける。

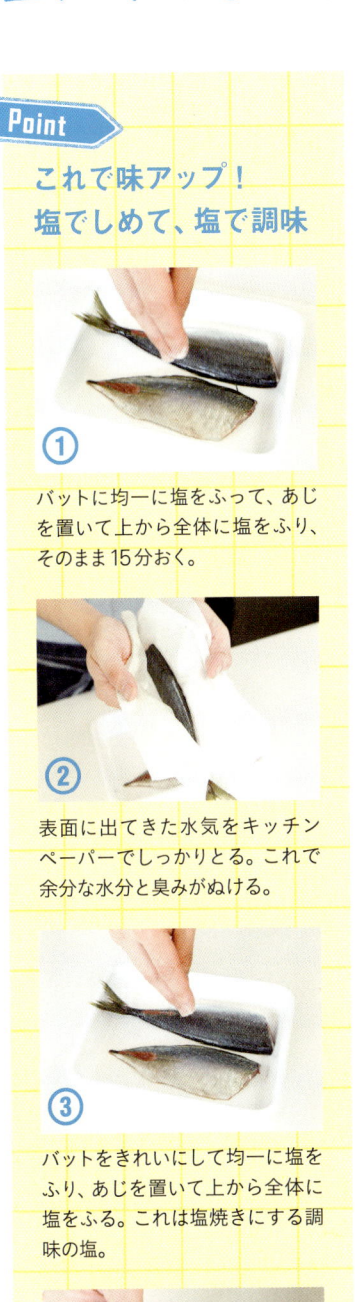

③
バットをきれいにして均一に塩をふり、あじを置いて上から全体に塩をふる。これは塩焼きにする調味の塩。

④
尾とヒレは焦げるのを防ぐために、塩で包むように多めに塩をつける。

二枚おろしに塩をして焼くだけ。
火も通りやすく、食べやすくてとっても手軽！

あじの塩焼

魚屋さんにオーダーすること
2枚におろして、ぜいごをとってください

材料（2人分）
あじの二枚おろし…2尾分
塩…適量
大根おろし…適量
しょうゆ…適量
サラダ油…少々

作り方
◎ 最初にすること
・ あじに塩をふって15分おく。

1 あじは水気をキッチンペーパーでとる。あらためて塩少々をふり、さらに尾とヒレには塩を多めにふる。
2 魚焼きグリルの網にサラダ油を塗って5分予熱し、あじを並べて中火できれいな焼き色がつくまで焼く（片面焼グリルの場合は盛り付けで下になる身のほうから焼く。そのほうが皮がパリっと焼ける）。
3 器に盛り、大根おろしを添え、食卓でしょうゆをかける。

Memo
二枚おろしはこの状態

骨を取り除いた三枚おろしでもよいが、塩焼きには骨つきの身もある二枚おろしのほうが、魚のうま味が味わえます。

ねぎとしょうがの香りで酒蒸しにして、熱々のごま油をジュッとかけます。

あじのレンジ蒸し

魚屋さんにオーダーすること
3枚におろして、腹骨とぜいごをとってください

材料(2人分)

あじの三枚おろし…2尾分
塩…適量
こしょう…適量
A しょうがのせん切り…2かけ分
　 長ねぎのせん切り…½本分
酒…大さじ2
B しょうゆ…大さじ1
　 酢…大さじ1
　 砂糖…小さじ1
　 水…大さじ1
ごま油…大さじ2

作り方

◎ 最初にすること
- あじは塩をふって15分おく。

1. あじは水気をキッチンペーパーでとる。身の中央を指でなぞって、小骨があったら抜く。こしょうをふる。
2. 耐熱皿にあじを盛り、Aをのせて酒かけてラップをする。600Wのレンジで3〜4分加熱する。
3. Bを混ぜ合わせ、2のラップをとってすぐかけ、小鍋で熱した熱々のごま油をかける。

Point

小骨の抜き方

小骨は中央の血合いにある。骨抜きでつまんで頭の方向に引き抜くと簡単。

フライ用はハート形の背開き。牛乳に浸して臭みをとるのがポイント！

あじフライ

魚屋さんにオーダーすること

フライにするので背開きにして、中骨も腹骨もとってください

材料(2人分)

あじの背開き…小4尾分
牛乳…適量
塩、こしょう…各適量
小麦粉…適量
卵…1個
パン粉…適量
揚げ油…適量
キャベツのせん切り…適量
好みのソース…適量

作り方

◎ 最初にすること

- あじの背開きを牛乳に浸して2〜3分おく

1. あじは水気をキッチンペーパーでとり、塩とこしょうをふる。
2. あじに小麦粉、卵(割りほぐす)、パン粉の順に衣をつけ、中温の油で3〜4分きつね色になるまで揚げる。
3. 器にキャベツのせん切りと2を盛り合わせ、食卓でソースをかける。

Point

牛乳に浸す

牛乳に短時間浸すだけで、牛乳に含まれる成分の働きで生臭みがぬける。

あじを3枚におろしてみよう！

1 うろことぜいごをとる

尾のほうから頭に向けて包丁を動かしてうろこをこそげとる。ぜいごは尾のつけ根から包丁をねかせて入れ、包丁を動かしながらそぎとる。反対側も同様にする。

2 頭を落とす

頭を左、腹を手前にして置き、胸びれの下から中骨まで包丁を入れる。裏返して同様にして頭と胸びれを一緒に落とす。

3 はらわたを出す

腹の小さな穴（肛門）の上から頭のほうに切り目を入れる。はらわたを出して流水で腹の中を洗い、キッチンペーパーで水気をとる。

4 中骨まで切り目を入れる

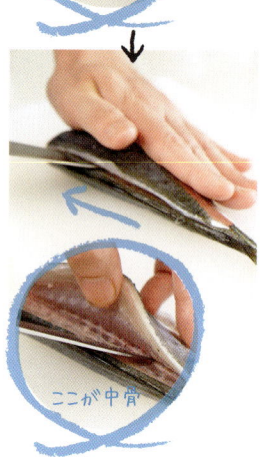

腹から中骨まで包丁を入れてそのまま尾のほうに向かって切り目をいれる。背側は尾のほうから中骨まで包丁を入れてそのまま頭のほうに向かって切り目をいれる。

ここが中骨

Memo

ぜいごは…

ぜいごは、皮をむく場合（刺身、たたき、サラダなど）は、必ずしも最初にとる必要はありません。最後に皮を引いてむくことでぜいごも一緒に取り除かれます。

「三枚おろし」は中骨と2枚の身の3枚に分けること。
あじは、初めての人でも扱いやすい魚なので、いつもの包丁でも、焦らず順番通りやれば大丈夫！

5
中骨から身を外す

尾の背から中骨の上を腹にまで包丁を入れ、そのまま中骨に沿って頭のほうに向かって切る。包丁の向きを変えて尾のつけ根で身を切り離す。これで骨なしの身と骨つきの身の2枚になる（二枚おろし）。

6
中骨を外す

骨つきの身は背を手前にしておき、頭のほうから中骨に沿って包丁を入れて尾まで切る。腹側も同様にして切り、尾のつけ根で切り離す。これで3枚になる。

三枚おろし！

7
腹骨をとる

おろした身は尾を手前に縦に置き、包丁をねかせて骨の下に入れて切り開くように薄くすきとり、切り離す。

中骨はこんがりからっと揚げると骨せんべい！

8
小骨を抜き、皮をむく

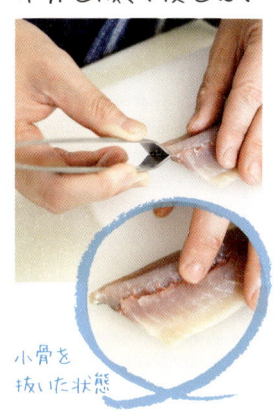

小骨を抜いた状態

刺身やサラダ、生で食べるなら

小骨は骨抜きでつまんで頭のほうに真っ直ぐ引いて抜く。皮は頭のほうからおこして、身を押さえて尾のほうに引いてむく。

Memo

包丁をいれる順番

腹、背、背、腹の順におろすと覚えておこう。

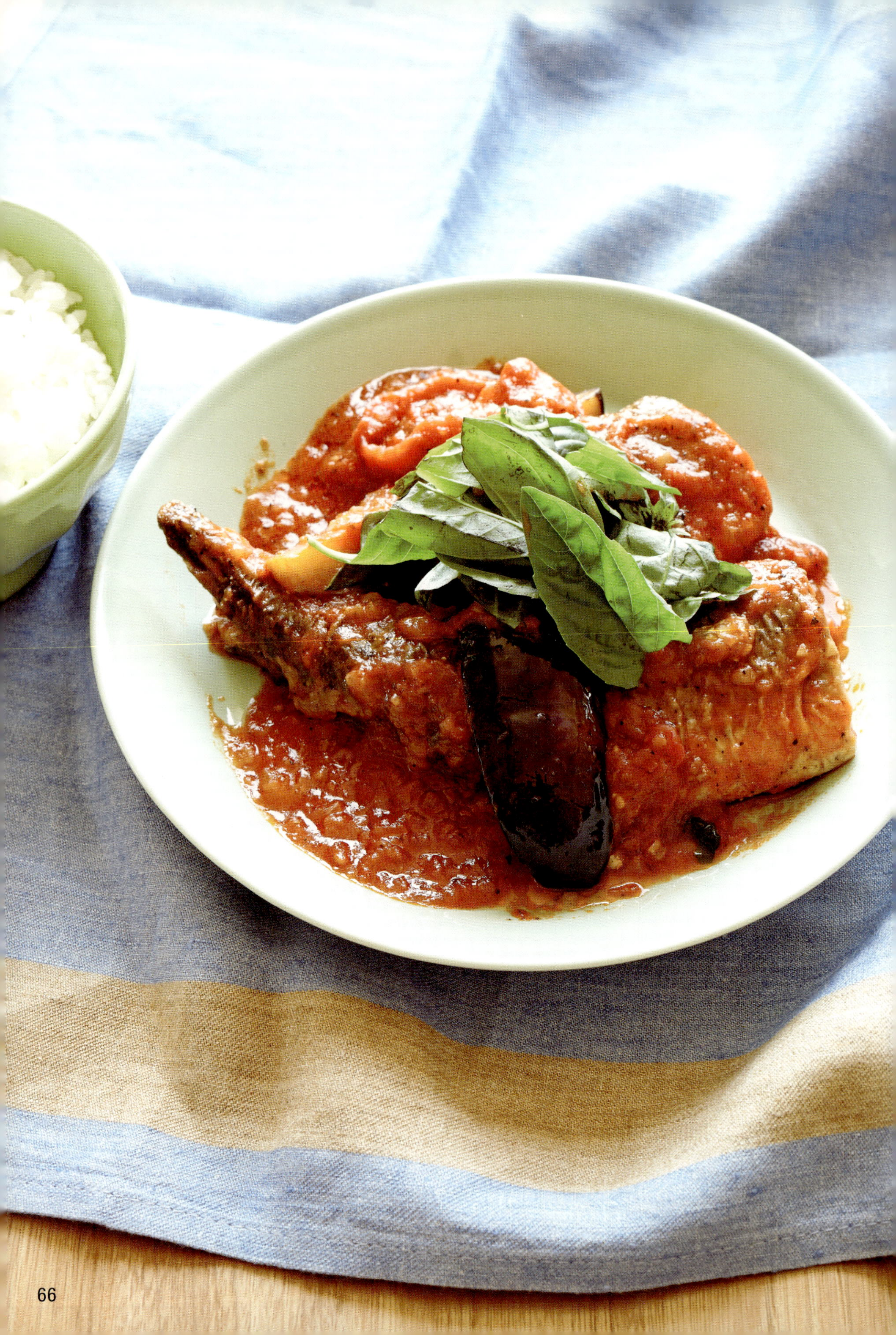

細長いさんまは、筒切りなら煮くずれなし。
ごはんがすすむイタリアンです！

さんまのトマト煮

魚屋さんにオーダーすること

> 頭を落として、はらわたを出して、3つに筒切りにしてください

材料（2人分）

さんまの筒切り…2尾分
塩、こしょう…各適量
小麦粉…適量
なす…1本
玉ねぎのみじん切り…1/4個分
にんにく（つぶす）…1かけ分
A｜トマト缶…1/2缶（200g）
　｜水…100ml
オリーブ油…大さじ2
バジルの葉…5〜6枚

作り方

◎最初にすること

- さんまは筒切りの中を流水で洗って水気をとり、塩をふって15分おく。

1. なすはへたを取り除いて縦に4等分に切る。
2. さんまは水気をキッチンペーパーでとり、こしょうをふる。ポリ袋に入れて小麦粉を均一にまぶす。
3. フライパンにオリーブ油大さじ1とにんにくを入れて弱火にかけ、香りが立ったらさんまを並べて入れ、中火で両面に焼き色がつくまで焼いて取り出す。
4. 同じフライパンに残りのオリーブ油を加えて玉ねぎを入れて炒め、しんなりしたらなすを入れて炒め、Aを加えて一煮立ちさせる。さんまを戻し入れ、3〜4分煮て塩、こしょうで味を調える。
5. 器に盛り、バジルをちぎって散らす。

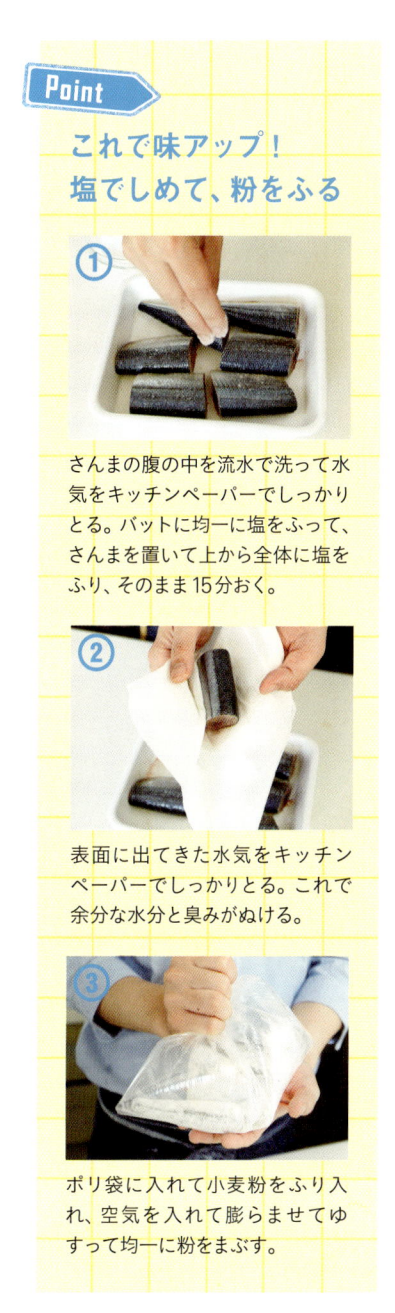

Point

**これで味アップ！
塩でしめて、粉をふる**

① さんまの腹の中を流水で洗って水気をキッチンペーパーでしっかりとる。バットに均一に塩をふって、さんまを置いて上から全体に塩をふり、そのまま15分おく。

② 表面に出てきた水気をキッチンペーパーでしっかりとる。これで余分な水分と臭みがぬける。

③ ポリ袋に入れて小麦粉をふり入れ、空気を入れて膨らませてゆすって均一に粉をまぶす。

たれを煮からめてからしょうが汁を加えると、しょうがのフレッシュな香りが立ちます！

さんまのかば焼

魚屋さんにオーダーすること
腹開きにして中骨も腹骨もとってください

材料（2人分）
さんまの腹開き…2尾分
塩…適量
小麦粉…適量
A｜しょうゆ…大さじ2
　｜酒…大さじ2
　｜みりん…大さじ2
　｜砂糖…小さじ2
しょうが汁…少々
サラダ油…小さじ2
白ごま…小さじ1
粉山椒…少々

作り方

◎ 最初にすること
- さんまは長さを2つに切り、塩をふって15分おく。

1. Aを合わせる。
2. さんまは水気をキッチンペーパーでとり、小麦粉を均一にまぶす
3. フライパンにサラダ油を熱し、さんまを中火で3〜4分、焼き色がつくまで焼き、裏返して2〜3分焼く。中弱火にしてAを加え、1〜2分煮からめ、しょうが汁を加えて火を止める。
4. 皿に盛って煮汁をかけ、ごまを散らす。食卓で粉山椒をふる。

こんがり焼いたさんまに複雑なピリ辛味がからんで、あと引くおいしさ！

さんまとにんにくの芽のコチュジャン炒め

魚屋さんにオーダーすること

3枚におろして腹骨をとってください

材料（2人分）
さんまの三枚おろし…2尾分
塩…適量
小麦粉…適量
にんにくの芽…6本
にんにくのみじん切り…1かけ分
A｜めんつゆ（三倍濃縮）…大さじ2
　｜コチュジャン…大さじ1
　｜オイスターソース…小さじ1
　｜砂糖…小さじ1
　｜水…大さじ3
ごま油…大さじ1＋小さじ2

作り方

◎ 最初にすること

- さんまは塩をふって15分おく。

1. にんにくの芽は長さ7〜8cmに切る。Aは混ぜ合わせる。
2. さんまは水気をキッチンペーパーでとり、一口大に切る。ポリ袋に入れて小麦粉を均一にまぶす。
3. フライパンにごま油大さじ1を熱し、さんまを中火で焼き、両面ともきれいな焼き色をつけて取り出す。弱火にしてごま油小さじ2とにんにくを加えて香りが立つまで炒める。中火にしてにんにくの芽を入れて2〜3分炒める。さんまを戻し入れてAを加え、中弱火で1〜2分煮からめる。

しみじみおいしい梅煮こそ、刺身になるような鮮度抜群のいわしで作りたい！

いわしの梅煮

魚屋さんにオーダーすること

頭を落として、はらわたをとってください

材料（2人分）

いわし（頭とはらわた除く）…4尾
ごぼう…1/4本（約50g）
梅干し…2個
しょうがの薄切り…1かけ分
A しょうゆ…大さじ4
　酒…大さじ4
　みりん…大さじ2
　砂糖…大さじ1と1/2
　水…1カップ

作り方

1. ごぼうは長さ4〜5cmに切り、縦に4つ切りにする。
2. 鍋に湯を沸かし、いわしを入れてさっとゆで、氷水にとり、水気をキッチンペーパーでとる。
3. 深めのフライパンにA、ごぼう、しょうが、梅干しを入れて一煮立ちさせ、いわしを並べて入れる。煮立ったら落しぶたをし、中弱火で10〜15分煮る。

＊いわしは煮汁が煮立っているところに入れること！これがうま味を流さないポイントです。

Point

さっとゆでる！

いわしは表面に熱がまわる程度にさっとゆでて、氷水にとる（これを「霜降りにする」という）。これで、ぬめりや臭みはぬけ、表面のタンパク質はかたまって煮汁にうま味が流れ出ない。

いわしとほうれん草と香草パン粉、この3つのハーモニーは絶品！おもてなしにもおすすめです。

いわしとほうれん草のオーブン焼き

魚屋さんにオーダーすること

頭を落として、開いて中骨も腹骨もとってください

材料（2人分）
いわしの開いたもの…4尾分
塩、こしょう…各適量
ほうれん草…4株（約90g）
バター…20g
A ┃ パン粉…½カップ
　┃ 粉チーズ…大さじ1と½
　┃ パセリのみじん切り…大さじ1と½
　┃ にんにくのみじん切り…1かけ分
オリーブ油…大さじ3
イタリアンパセリ…適量

作り方

◎ 最初にすること

- いわしは塩をふって15分おく。

1. ほうれん草は4〜5cmに切る。フライパンにバターを入れて火にかけ、ほうれん草を1〜2分炒める。
2. Aを混ぜ合わせて香草パン粉を作る。
3. いわしは水気をキッチンペーパーでとる。いわしの身を表にして広げ、塩、こしょうをふり、ほうれん草を等分に巻いて楊枝で留める。
4. 耐熱皿にオリーブ油大さじ1を塗り、いわしを並べて香草パン粉をかけ、オリーブ油大さじ2をかける。200℃に余熱したオーブンで15分〜20分、きれいな焦げ目がつくまで焼く。イタリアンパセリを添える。

いわしの手開きをしてみよう！

いわしは身がやわらかいので、手で開くことができます。
包丁でおろすと見た目はきれいですが、小骨が残ってしまうので、
ふだんの料理には手開きがおすすめです。

1 うろこをとって頭を落とす

尾のほうから頭に向けて包丁を動かしてうろこをこそげとる。胸びれの下に包丁を入れ、頭と胸びれを一緒に切り落とす。

2 腹を切ってはらわたを出す

腹を尾びれまで斜めに切り落とす。腹を開いて包丁の先ではらわたをかき出す。

3 洗って水気をとる

流水で腹の中を洗い、キッチンペーパーで水気をとる。

4 開く

頭のほうから中骨の上に左手の親指を入れ、骨にそって一気に尾のつけ根まで動かして身を開く。

> ほら、かんたんだよ！

5
身から中骨を離す

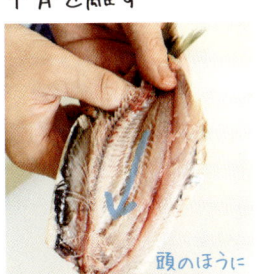

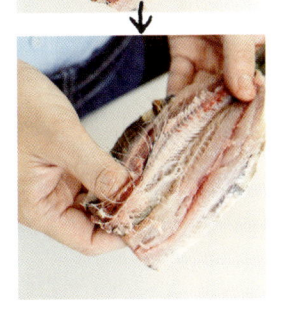

頭のほうに

尾のほうの中骨の下に右手の親指を入れて、一気に頭のほうへ動かして中骨を身から浮かせる。

6
中骨をはずす

まな板に置き、頭のほうから中骨を小骨ごと起こしてはがし、尾のつけ根で折る。

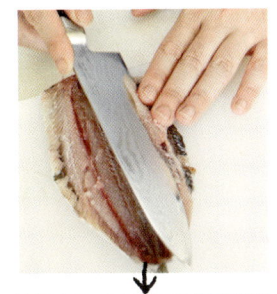

7
腹骨をとる

いわしを縦に置き、腹骨に包丁をねかせて入れて切り開くように薄くすきとり、切り離す。反対側も同様にする。

手開き！

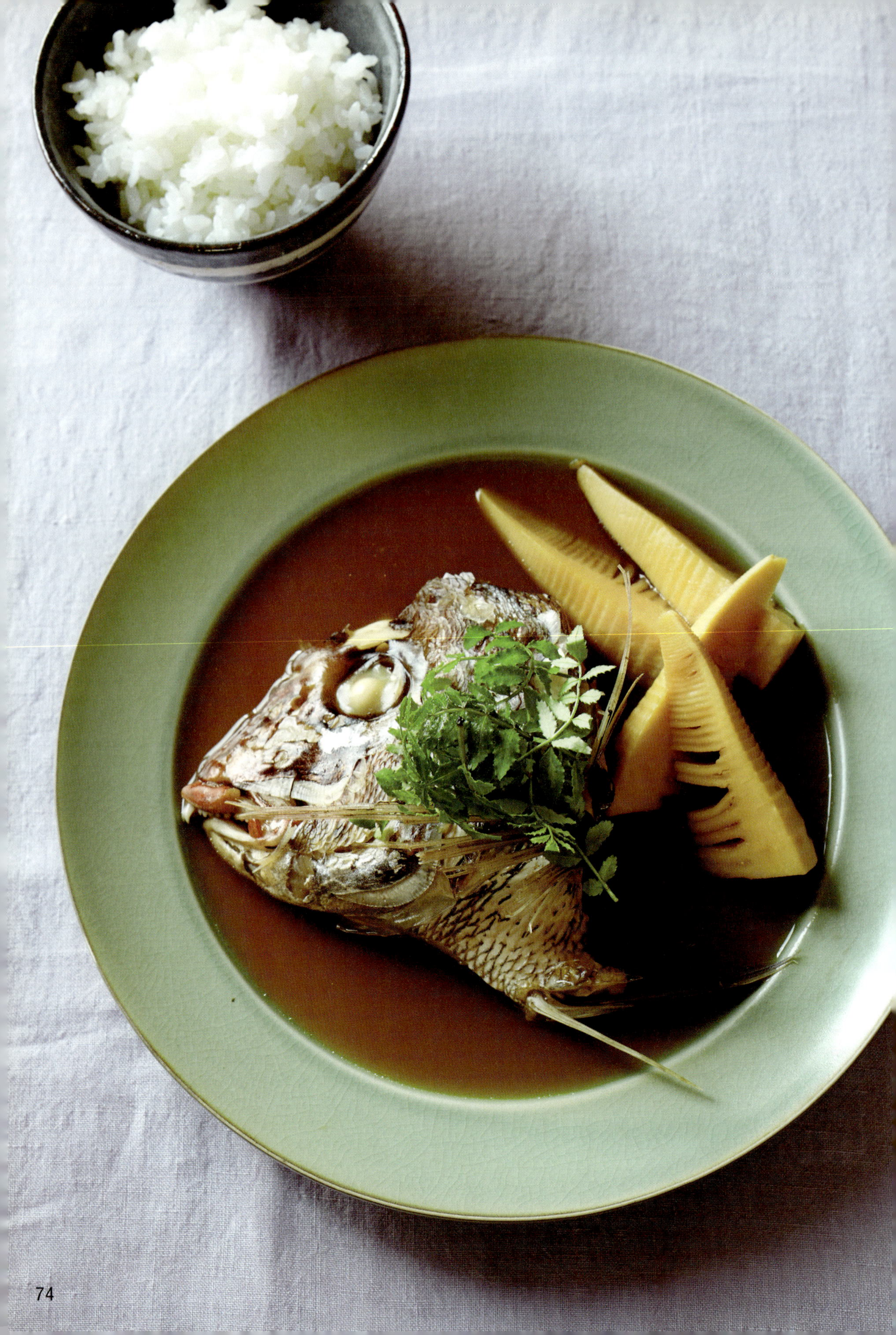

酒で臭みをとり、砂糖で甘みを入れ、
しょうゆで味をつけ、最後にみりんを加えて煮る、
この手順が秘訣！

たいのかぶと煮

魚屋さんにオーダーすること

たいの頭をかぶと煮用に
2つに割ってください

材料（2人分）

たいの頭…1尾分（2つ割りにしたもの）
たけのこ水煮…1個（約250g）
A｜水…4カップ
　｜昆布…適量（5〜6cm）
　｜酒…大さじ4
砂糖…大さじ4
しょうゆ…大さじ4
みりん…大さじ3
木の芽…適量

＊「かぶと」はたいの頭のこと。

作り方

◎ 最初にすること

- 鍋に湯を沸かし、たいを入れてさっとゆで、氷水にとって血合いやうろこをていねいに取り除く。水気をキッチンペーパーでとる。

1. たけのこは縦に8等分に切る。
2. 鍋にAを入れて弱火にかけ、煮立つ直前で昆布を取り出し、アクを取り除く。煮立っている煮汁にたいを入れ、落としぶたをして中火で5〜6分煮る。
3. 砂糖、たけのこを加えて煮立ったらアクを取り除いて落としぶたをして3〜4分煮、しょうゆを加えて3〜4分煮る。みりんを加えて落としぶたを外して途中で味をみながら12〜13分煮汁を煮つめる。
4. 器に盛って煮汁をかけ、木の芽を添える。

＊みりんを加えてからは5分くらい煮て、その後は煮汁の味をみながら煮て、自分がおいしいと思うところで火を止めるのも、煮物上手への近道です。

Point

これで味アップ！
さっと下ゆでする

① たっぷりの湯を沸かし、たいの頭を入れて、表面に熱がまわって白くなったら取り出す。

② 氷水にとって、目の後ろ、血合い、うろこなどをていねいに洗う。

③ 水気をキッチンペーパーでとる。これで雑味や臭みがとれ、表面のタンパク質はかたまって、うま味が煮汁に流れ出ない。

地中海風な組合わせのいかとズッキーニを
しょうがじょうゆ味で仕上げたら、あらっおいしい！

いかとズッキーニのしょうが炒め

魚屋さんにオーダーすること

はらわたと目とくちばしを
とって、胴とげそにしてください

材料（2人分）

いか（大）のさばいもの
　…1ぱい分
ズッキーニ…1本
A｜しょうゆ…大さじ2
　｜みりん…大さじ2
　｜酒…大さじ2
　｜砂糖…小さじ1
　｜しょうがのすりおろし
　　…大さじ½
ごま油…小さじ4

作り方

◎ 最初にすること

- いかは胴の中を流水で洗い、げそは先を切り落とし、水気をキッチンペーパーでとる。

1. ズッキーニは厚さ1cmの輪切りにする。
2. いかの胴は幅1cmの輪切りにし、げそは食べやすく切り分ける。
3. Aを混ぜ合わせる。
4. フライパンにごま油小さじ2を熱し、いかを入れて中火で2分ほど炒めて取り出す。
5. ごま油小さじ2を加えて熱し、ズッキーニを入れて3〜4分炒め、いかを戻し入れてAを加えて中弱火で1〜2分煮からめる。

Point

加熱は5分未満!!

いかのおいしい加熱時間は5分未満、もしくは20分以上です。中途半端な加熱をするとかたくなってしまうので注意しましょう。

いかとセロリの異なる食感が心地よい、さわやかな一皿！
ワインやビールにもよく合います。

いかとセロリの昆布茶炒め

魚屋さんにオーダーすること

はらわたと目とくちばしを
とって、胴とげそにしてください

材料（2人分）
いか（大）のさばいたもの
　…1ぱい分
セロリ…2本
にんにくのみじん切り…1かけ分
昆布茶…小さじ1
塩、こしょう…各少々
レモンのくし形切り…適量
オリーブ油…小さじ4

作り方

◎ 最初にすること

- いかは胴の中を流水で洗い、げそは先を切り落とし、水気を キッチンペーパーでとる。

1 セロリは筋を取り除き、茎は厚さ8mmの斜め切りに、葉はざく切りにする。

2 いかの胴は幅1cmの輪切りにし、げそは食べやすく切り分ける。

3 フライパンにオリーブ油小さじ2、にんにくを入れて弱火にかけ、香りが立ったら中火にしていかを入れて1分炒めて取り出す。

4 オリーブ油小さじ2を加えて熱し、セロリの茎を3〜4分炒め、いかを戻し入れてセロリの葉、昆布茶を加えて2〜3分炒める。塩、こしょうで味を調え、レモンを絞って仕上げる。

いかをさばいてみよう！

1 足と胴のつなぎ目をはずす

胴の中に左手の親指を入れて、足のつけ根が胴にくっついている部分をはずす。

2 足とわたを引き出す

足の目の上を持ってゆっくり引いて、わたごと引き出す。

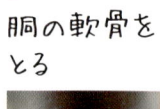

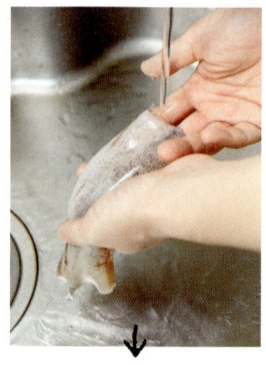

3 胴の軟骨をとる

胴の中を流水で洗いながら、指でさぐって軟骨を引き出す。

4 足とわたを切り分ける

足の先を少し切り落とす。わたと目の間に包丁を入れてわたを切り離す。

いかは、おいしいだけじゃなく、お財布にやさしい素材です。
刺身になる新鮮なものを自分でさばいて、
さっと火を通して料理すれば、いかのおいしさ再発見！

5
目とくちばしを
とる

足をゲソともよぶ。

足（ゲソ）
胴
えんぺら
おろした足と胴

目

くちばし

足に縦に切り込みを入れる。ボウルに入れた水の中で切り込みを開いて、目とくちばしを取り除く。

ついでに、ゲソをわたで炒めてもう一品！

★スペシャルレシピ★

ゲソのわた炒め

フライパンにイカのわたを袋から出して入れ、酒を加えて火にかける。わたがふつふつしてきたら、ゲソを加えて炒め合わせ、しょうゆを加えて香りよく仕上げる。

★ special recipe ★

79

80

そのほかのシーフード

part 4

野本流 そのほかをおいしく食べるコツ！

素材による下ごしらえのポイントを覚える！

そのためには

☞ えび、かきは塩・片栗粉・水で**洗う！** p.83

☞ 貝は**砂を吐かせる！** p.87

☞ 冷凍は**塩水で解凍！** p.89

クリーミーなソースに包まれたピリ辛えびがたまらない！

ピリ辛大人のえびマヨ

材料(2人分)
むきえび…16尾(約140g)
A｜酒…大さじ1
　｜豆板醤…小さじ1
天ぷら粉…60g
水…適量(商品の表示に従う)
サラダ油…大さじ1
B｜マヨネーズ…大さじ6
　｜ケチャップ…大さじ1
　｜コンデンスミルク
　｜　…大さじ1
　｜生クリーム…大さじ1
パクチー…適量

作り方

◎ 最初にすること

- えびは塩小さじ½、片栗粉大さじ1、水大さじ3(すべて分量外)を順に加えて洗う。

1. 水気をとり、Aで下味をつけ、天ぷら粉(分量外)をまぶす。
2. 天ぷら粉を水でとき、1のえびをくぐらせ、サラダ油を中火で熱して3～4分、両面に焼き色がつくまで焼いて取り出す。
3. 火を止めてフライパンをキッチンペーパーでふき、Bを入れて弱火にかけ、フツフツしたら火を止め、えびを戻し入れてからめる。皿に盛り、パクチーを添える。

野本流 えび、かきは塩・片栗粉・水で洗う！
これで特有の臭みなし！うま味が立つ！

えびやかきは洗いが決めて！
塩でもみ、片栗粉を加えてもみ、水を加えてもむ"3段構え"で、
しっかり洗って臭みをとる！ これが肝心です。

腹に切り目を入れて形を整えると、
洋食屋さんのようなきれいなえびフライに！

えびフライ

材料（2人分）
えび（殻付き）…8尾
▼洗い用
　塩…小さじ½
　片栗粉…大さじ1
　水…大さじ3
小麦粉…適量
卵…適量
パン粉…適量
塩、こしょう…各適量
揚げ油…適量
レモンのくし形切り…適量
マヨネーズ…適量
キャベツのせん切り…適量

作り方

◎ 最初にすること

- えびは背わたをとり（ⓐ）、尻尾と関節1つを残して殻をむく。
- 尻尾の先を切り（ⓑ）、包丁でしごいて中の水分を出す。
- 塩をふってもみ（ⓒ）、片栗粉を加えてもみ（ⓓ）、水を加えてもみ（ⓔ）、水洗いして水気をキッチンペーパーでとる。

1 えびの腹に3カ所切り目を入れ、背中を押して伸ばす。
2 塩、こしょうをふり、小麦粉、卵（割りほぐす）、パン粉の順で衣をつける。油を中温に熱して3〜4分揚げる。
3 器にキャベツと2を盛り合わせ、レモンとマヨネーズを添える。

Point
これで味アップ!!
塩・片栗粉・水で洗う

ⓐ
ⓑ
ⓒ
ⓓ
ⓔ

Memo
えびの形を整える
えびは加熱すると腹側が縮んで丸くなるので、切り目をいれて伸ばして形を整える。

臭みをとったかきを、香りのいいオリーブ油でアヒージョに。
おウチでバル気分満喫！

かきのアヒージョ

材料（2人分）

かき（加熱用）…6個
▼ 洗い用
　塩…小さじ½
　片栗粉…大さじ1
　水…大さじ3
マッシュルーム…2個
にんにく…2かけ
赤唐辛子…1本
塩、こしょう…各適量
オリーブ油…50〜100mℓ

作り方

◎ 最初にすること

- かきを洗う。塩をふってもみ（ⓐ）、片栗粉を加えてもみ（ⓑ）、水を加えてもみ（ⓒ）、水洗いして水気をキッチンペーパーでとる。

1. マッシュルームは石突きを切り落とし、半分に切る。にんにくは半分に切ってつぶす。赤唐辛子は半分にちぎって種をとる。

2. 耐熱容器にかき、1を入れて塩、こしょうをふり、オリーブ油をかきが浸るくらいまで注ぐ。オーブントースターで6〜7分焼く。

Point
ⓐ
ⓑ
ⓑ

かきと青菜のオイスターソース炒め

材料(2人分)

かき(加熱用)…8個
▼洗い用
- 塩…小さじ½
- 片栗粉…大さじ1
- 水…大さじ3

小麦粉…適量
小松菜…3株(約200g)
しょうがのみじん切り…1かけ分

A
- オイスターソース…大さじ2
- しょうゆ…小さじ1
- 酒…大さじ3
- 砂糖…小さじ1
- 片栗粉…小さじ½

ごま油…小さじ2

＊オイスターソースは「かき油」ともいい、かきを主原料とする発酵調味料で、かきのと相性抜群。

作り方

◎ 最初にすること

- かきを洗う。塩をふってもみ、片栗粉を加えてもみ、水を加えてもみ、水洗いして水気をキッチンペーパーでとる。

1 小松菜は4cmに切る。Aは混ぜ合わせる。
2 かきは小麦粉をまぶす。
3 フライパンにごま油、しょうがを入れて弱火で炒め、香りが立ったらかきを入れて中火で1～2分焼き色がつくまで炒め焼きする。
4 小松菜を加えて2～3分炒め、1のAを加えて中弱火にして1～2分炒めて味をからめる。

Memo

かきの「生食用」・「加熱用」

鮮度による区別ではなく、獲る海域によるものです。「生食用」は指定された海域で獲れたものをさらに滅菌洗浄してあります。一般に「加熱用」がうまみが濃いといわれ、加熱する料理におすすめです。しかし加熱用の生食は厳禁。必ず火を通して食べること。

こんがり焼いたかきとオイスターソースの風味豊かな出会い！ごはんがすすみます。

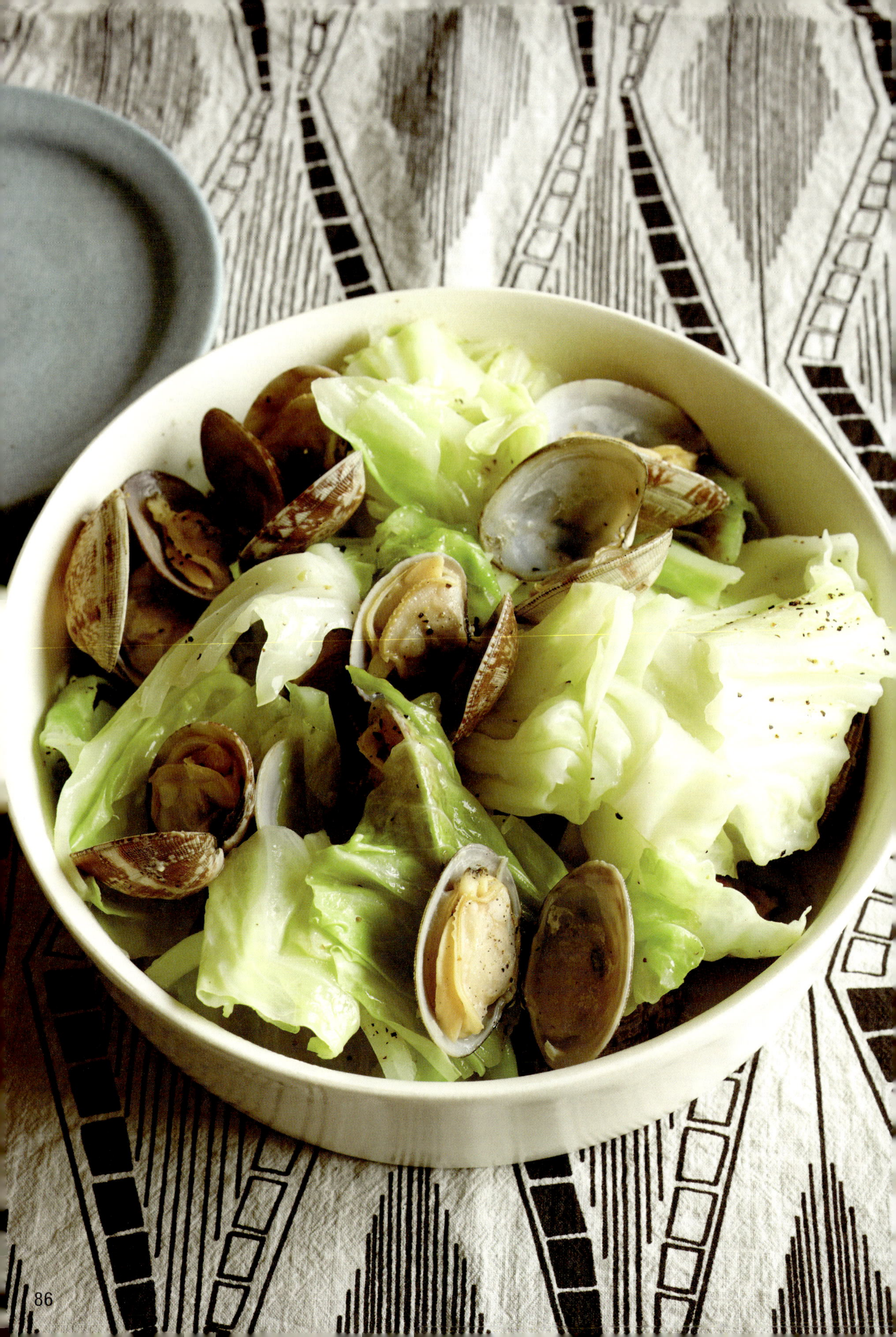

野本流 貝は砂を吐かせる！
これでジャリッと砂をかむことなし！

貝は砂があるから苦手という人も多いものです。
「砂ぬき済み」と表示されていても、念のために砂を吐かせましょう。
3％の塩水にひたひたに浸し、浜辺のような環境にしてやるのがコツ。
いやな「ジャリッ」もなく、貝のうま味がすっきり際立ちます。

酒蒸しに**キャベツが加わるとごちそうに！**

あさりとキャベツの酒蒸し

材料(2人分)

あさり…300g
キャベツのざく切り…300g(約¼個)
酒…大さじ3
にんにくのみじん切り…1かけ分
サラダ油…大さじ1
塩、粗挽き黒こしょう…各少々

作り方

◎ 最初にすること
- あさりの砂をぬく。あさりは塩水(3％)に浸してアルミホイルをかけ、1～3時間おく。

1. あさりは、殻と殻をこすり合わせて洗って水気をきる。
2. フライパンにサラダ油、にんにくを入れて弱火にかけ、香りが立ったらキャベツを入れて炒め合わせる。1のあさり、酒を加えてふたをして中火で6～7分蒸し煮する。あさりの口が開いたら、塩、こしょうで味を調える。

＊キャベツはセロリに変えてもおいしい。その場合は、葉がたっぷり付いているセロリがおすすめです。
＊あさりは、翌日食べる場合は、砂ぬきする状態で冷蔵庫に保存するとよい。

Point
これで味アップ！砂を吐かせる。

① あさりは浅めのバットに入れ、3％の塩水をひたひたに注ぐ。目安は貝の口が浸るか浸たらないかくらい。

② アルミホイルをかけて空気穴をあけ、振動のない安定したところに置いて砂を吐かせる(これを「砂ぬき」という)。浜辺と同じような状態にしてやるのがポイント。

③ 殻と殻をこすり合わせるようにして、表面のぬめりを洗う。

じっくり煮たしじみのおいしい出汁を味わって！
疲れたときやお酒の後にもおすすめです。

しじみのみそ汁

材料(2人分)

しじみ…150g
水…2カップ
みそ…大さじ2
昆布…5〜6cm
万能ねぎの小口切り…2本分

作り方

◎ 最初にすること

- しじみの砂をぬく。しじみは浅めのバットに入れ、ひたひたに水を注ぎ、空気穴をあけたアルミホイルをかけて1〜3時間おく。

1. しじみは、殻と殻をこすり合わせて洗って水気をきる。
2. 鍋に水、昆布、しじみを入れて弱火でゆっくり煮る。煮立つ直前で昆布を取り出し、煮立ったらアクを取り除き、火を止めてみそをとき入れる。
3. 椀に盛り、万能ねぎを散らす。

冷凍のむきみは塩水で解凍！

やさしい味が癒し度満点！
冷凍むきみを常備すれば、食べたいときに気軽に作れます。

あさりのクラムチャウダー

材料（2人分）

あさり（冷凍むきみ）…150g
玉ねぎのみじん切り…½個分
ベーコン…4枚
セロリ…30g
じゃがいも…1個
バター…20g
小麦粉…大さじ1と½
牛乳…250㎖
水…150㎖
コンソメ（顆粒）…小さじ1
塩…小さじ½
こしょう（白）…少々

作り方

◎ 最初にすること

- ボウルに1%の塩水を作り、冷凍むきみを入れて解凍する。これでおいしく解凍できる。

1. ベーコンは幅1cmに切る。セロリは筋を取り除いて5mm角に切る。じゃがいもは皮をむいて1cm角に切る。

2. 鍋にバターをとかし、玉ねぎを入れて中火でしんなりするまで炒める。ベーコン、セロリを加えて炒め、小麦粉を加えて弱火で炒めて牛乳を加えて煮る。

3. 水、コンソメ、じゃがいもを入れ、ふたをして中弱火で6〜7分やわらかくなるまで煮る。あさりの水気をしっかりとって加え2〜3分煮て（煮すぎるとかたくなる）、塩、こしょうで味を調える。

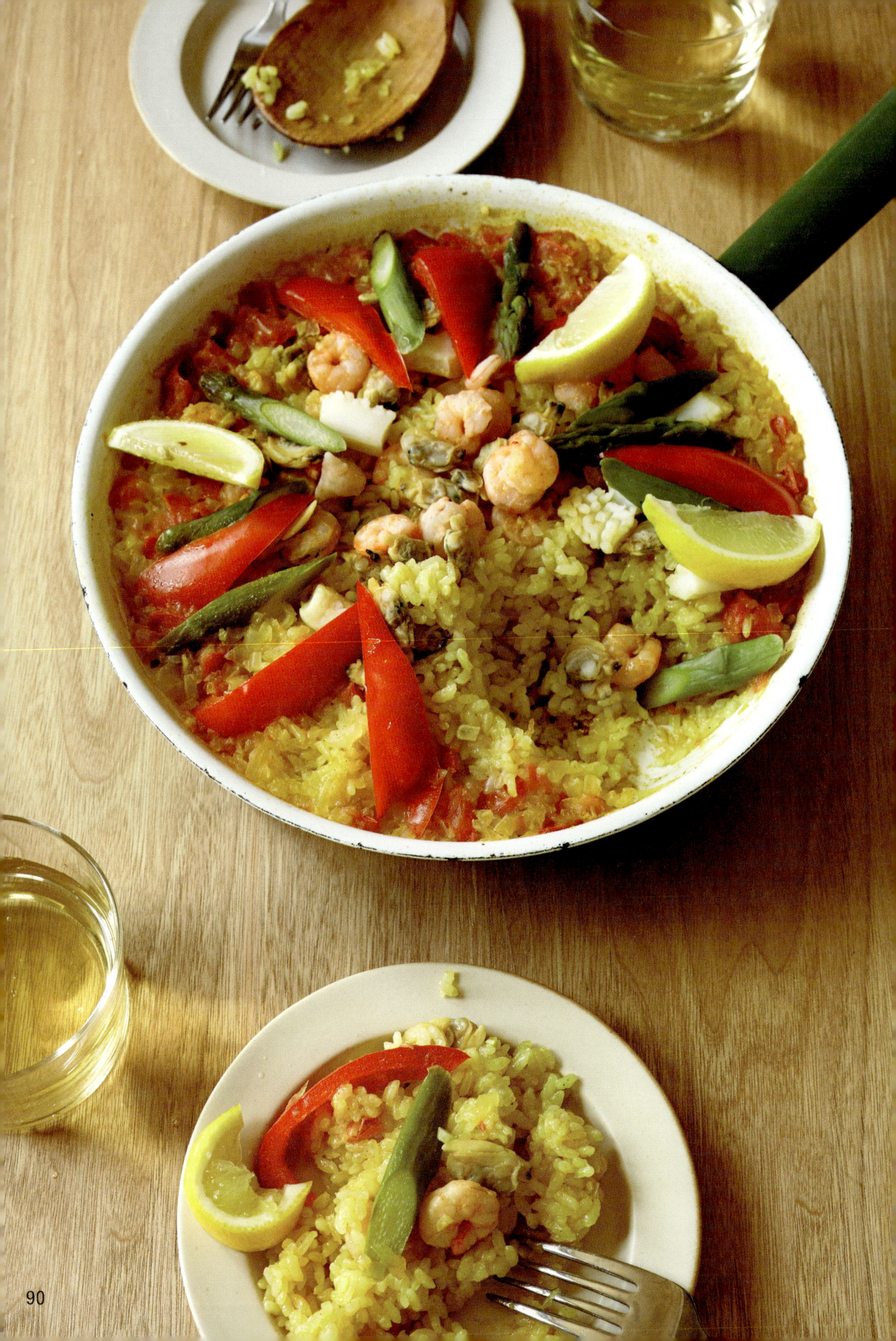

野本流 シーフードは塩水で解凍する！これでいや〜な臭みがぬける！

冷凍の魚介は表面についている氷に臭みがたまっています。
ですから袋のまま解凍したり、自然解凍したりはＮＧ。
たっぷりの塩水につけて、うまみを流さずに臭みの元の氷を洗い流すのが秘訣！

シーフードミックスはワインで蒸す！
そのおいしい蒸し汁で炊いた絶品パエリア！　パーティーにも喜ばれます。

パエリア

材料（3〜4人分）
- 米…2カップ
- シーフードミックス（冷凍）…500g
- グリーンアスパラガス…2本
- パプリカ…½個
- 白ワイン…大さじ2
- 水…適量
- A｜カレー粉…小さじ2
　｜固形チキンスープの素（きざむ）…1個
- にんにくのみじん切り…1かけ分
- 玉ねぎのみじん切り…½個分
- トマトの粗みじん切り…1個分
- 塩…小さじ¼
- オリーブ油…大さじ2
- レモンのくし切り…½個分

Memo　蒸し汁でパエリアを炊く
シーフードはワインをかけてレンジでワイン蒸しにする。その蒸し汁でパエリアを炊いて、米にシーフードのうまみを吸わせるのがコツ。

作り方
◎ 最初にすること
- シーフードミックスは1％の塩水に入れて解凍する。

1. アスパラガスは根元とはかまのかたい部分を取り除き、長さ4〜5cmの斜め切りにする。パプリカは種とわたをとり除き、乱切りにする。
2. シーフードミックスの水気をしっかりきってボウルに入れ、白ワインをかける。ラップをして600Wのレンジで2〜3分加熱する。蒸し汁とシーフードに分ける。
3. 2の蒸し汁に水を加え480mlにして、Aを加えて混ぜる。
4. 深めのフライパンにオリーブ油、にんにくを入れて弱火にかけ、香りが立ったら玉ねぎを加えて中火でしんなりするまで炒める。
5. 米を加えて油がまわるまで炒め、トマトを加えて炒め合わせる。3を加えて一煮立ちさせ、塩を加える。
6. シーフードをちらし、1の野菜を並べる。ふたをして弱火で12〜13分煮て、ふたを外して水分をとばして火を止める。レモンを添える。

Point　これで味アップ！塩水で解凍する！

① 大きめのボウルに1％の塩水を作り、シーフードを入れて解凍する。

② 冷凍の魚介はグレーズ（表面の氷の膜）に臭みが出ているので、この氷を溶かして塩水で洗い流すことで、おいしく解凍できる。

うまみが凝縮したあじ干物でペペロンチーノ！
干物と相性がいいレモンをぎゅっと絞るのがポイント！

あじの干物パスタ

材料(2人分)

スパゲッティ…160g
あじの干物…2枚
にんにくのみじん切り…1かけ分
赤唐辛子…1本
スパゲッティのゆで汁…100mℓ
塩…適量
粗挽き黒こしょう…少々
レモンのくし形切り…2切れ
オリーブ油…大さじ2
水菜…1株(約40g)
A │ オリーブ油…少々
　│ 塩、こしょう…各少々

作り方

1. あじの干物は魚焼きグリルで焼き、身をほぐし、小骨は取り除く。
2. 鍋に湯を沸かし、約1％の塩を加えてスパゲッティをゆで始める。ゆで時間は表示時間の1分前が目安。ゆで汁は取りおく。
3. 赤唐辛子は半分にちぎって種をとる。水菜は3〜4cmに切る。
4. フライパにオリーブ油、にんにくを入れて弱火にかけ、香りが立ったら赤唐辛子、あじを加えて炒める。パスタのゆで汁を加えて混ぜ合わせて乳化させ、パスタを入れてあえ、塩、こしょうで味を調えてレモンを絞る。
5. 器に盛り、水菜をAであえて添える。

塩さばのペンネアラビアータ風

材料（2人分）

塩さば…1枚（½尾）
ペンネ…160g
にんにくのみじん切り…2かけ分
赤唐辛子…2本
A ┃ トマト水煮缶…1個
　┃ ペンネのゆで汁…50㎖
塩…適量
粗挽き黒こしょう…少々
オリーブ油…大さじ2
イタリアンパセリ…適量

作り方

1. 塩さばは小骨を取り除き、一口大のそぎ切りにする。赤唐辛子は半分にちぎって種をとる。
2. 鍋に湯を沸かし、約1％の塩を加えてペンネをゆで始める。ゆで時間は表示時間の1分前が目安。ゆで汁は取りおく。
3. フライパンにオリーブ油大さじ1、にんにくを入れて弱火にかけ、香りが立ったら赤唐辛子、さばを入れて中火で2〜3分少し焼き色つくまで炒め焼く。Aを加えて中火で3〜4分、とろりとするまで煮つめ、塩、こしょうで味を調える。ペンネを加えて合わせ、オリーブ油大さじ1をかけて仕上げる。
4. 器に盛り、イタリアンパセリを添える。

＊ペンネなどショートパスタは時間が経ってものびにくいので、パーティや飲み会などにもおすすめです。

塩さばをオリーブ油で焼いて、トマト味で煮ると「これが塩さば!?」の目からうろこのおいしさに！

市販のかば焼きは酒をふって焼く！
さらに錦糸卵を添えると口の中が楽しくなります。

うな丼

材料（2人分）
うなぎの蒲焼…2パック
酒…大さじ1
サラダ油…少々
ごはん…茶碗2杯
錦糸卵…適量
粉山椒…好みで適量

作り方
1. アルミホイルを広げてサラダ油を塗り、うなぎを置いて酒をかけ、空間に余裕をもたせて閉じる。
2. オーブントースターで3分〜4分焼き、ホイルを開けて付属のタレをかけて1〜2分焼く。
3. 器にごはんを盛り、錦糸卵を散らしてうなぎをのせる。好みで粉山椒をふる。

Memo

錦糸卵のかんたんな作り方

卵を1個割りほぐして、砂糖小さじ1を加えて混ぜる。フライパンに油を引いて熱し、卵を流してフライパンをまわしながら全体に薄く広げる。縁が乾いてきたら裏返して乾かす程度に焼いて取り出す。残りも同様にして焼く。薄焼き卵はくっつきやすいのでキッチンペーパーを間にはさんで重ねて冷ます。冷めたら三つ折りにして、細く切ってほぐす。これできれいな錦糸卵になる。冷凍保存するなら、キッチンペーパーに包んでさらにラップで包むとよい。

かにの炊き込みごはん

かに缶は酒を加えて炊く！これで缶臭さもかにのクセもない、上品な炊き込みごはんに。

材料（米2合分）
米…2合
かに缶…1個（135g）
薄口しょうゆ…大さじ2
酒…大さじ2
出汁…適量

作り方
1. 炊飯器に米、薄口しょうゆ、酒を加え、カニ缶を傾けて汁だけを入れる。炊飯器の目盛りに従って出汁を加え、ざっと混ぜて、かにを入れて炊く。
2. 炊き上がったら底からさっくり混ぜ、茶碗に盛る。

＊イクラを添えると、ごちそう感がさらにアップする。

ツナのピラフ

ツナ缶はバターで炒めてレモン汁で調味！炊きたてごはんに加えるだけ！

材料（米2合分）
米…2合
水…適量
コンソメ（顆粒）…小さじ2
ツナ缶…1個（70g）
バター…40g
A 玉ねぎの薄切り…1/2個分
　 にんじんの8mm角切り…1/4本分
マッシュルームの水煮スライス…50g
グリンピースの水煮…30g
レモン汁…大さじ1
塩、こしょう…各少々

作り方
1. 炊飯器に米、コンソメを入れて炊飯器の目盛りに従って水を加えて炊く。
2. フライパンにバター半量を入れて火にかけ、Aを入れて中火で玉ねぎがしんなりするまで炒める。ツナ（缶汁ごと）、マッシュルームを加えて3〜4分炒める。レモン汁、塩、こしょうで味を調える。
3. 炊き上がったごはんに2を入れ、残りのバター、グリンピースを加えて底から大きく混ぜ合わせて、器に盛る。

野本やすゆき
料理家 寿司職人 フードコーディネーター

1980年生まれ 東京都出身
大学商学部卒業後、調理師学校に入学し、調理師免許所得。谷中で一番古い家業の寿司店で修行するかたわら、祐成陽子クッキングアートセミナーに入校。卒業後、同校アシスタントスタッフを経て独立。
料理雑誌へのレシピ提供、テレビ番組や広告などのフードコーディネート、料理講師、フードコーディネーター養成スクールの講師、「松寿司」三代目として寿司屋の経営など、食にかかわるジャンルで幅広く活躍。
http://nomotobase.com

stuff

撮影 ■ 鈴木泰介
アートディレクション ■ 大薮胤美（フレーズ）
デザイン ■ 横地綾子（フレーズ）
スタイリング ■ 新田亜素美
料理アシスタント ■ あずままちこ　今井亮
編集 ■ 亀山和枝

器協力 ■ うつわ謙心

老舗寿司屋三代目が教える
まいにち食べたい魚料理

2015年　10月15日　第1刷発行
2016年　 7月 5日　第2刷発行
著　者　　野本やすゆき
発行者　　佐藤 靖
発行所　　大和書房
　　　　　東京都文京区関口1-33-4
　　　　　電話　03-3203-4511
印　刷　　凸版印刷
製　本　　ナショナル製本

©2015　Yasuyuki Nomoto Printed in Japan
ISBN978-4-479-92092-2
乱丁本・落丁本はお取り替えいたします。
http://www.daiwashobo.co.jp/